消えた球団

1950年の西日本パイレーツ

西日本新聞社記者
塩田芳久

ビジネス社

はじめに

黒歴史と語り継がれたパイレーツの残光

1950（昭和25）年11月18日、後楽園球場で行われた西日本パイレーツ対大阪（阪神）タイガースの20回戦は雨中の乱打戦となった。変則ダブルヘッダーの2試合目だった。1試合目の中日－広島戦の後半から崩れ始めた天気は、プレイボール時点で霧雨となった。この日の後楽園球場周辺の平均気温は12・5度と肌寒い。グラウンドに立つ選手たちと、スタンドを埋めた2千人の観客は等しく冷たい秋の雨に打たれ続けた。

西日本パイレーツ。

聞き慣れないチーム名だろう。1949年にセ・リーグとパ・リーグに分裂した日本プロ野球は、同年の8球団から新興7球団を加えた計15球団（セ8球団、パ7球団）でスタートした。パイレーツはセに所属する新生チームだった。福岡市に本社がある西日本新聞社が親会社で、同年に開場した同市の平和台球場を本拠地とした。東京六大学・早大の名選手だった小島利男が監督を務め、投手では元巨人の緒方俊明、元金星の重松通雄、打者では元阪急の平井正明、日比野武、永利勇吉らが主戦となったチームだった。

先攻の阪神は初回、パイレーツ先発の久喜勲に5本の長短打を浴びせて6点を先制した。2回も代わった野本喜一郎から櫟《いちい》信平が一発を放つなど3点を追加し、9－0とリードを広げた。誰もが「勝負あり」と思ったはずだ。

だがその裏、パイレーツは日比野の二塁打などで3点を返すと、12－4の6回には永利の21号本塁打などで5点を挙げて3点差に迫った。勝負の行方は分からなくなってきた。8回、雨は本降りとなった。パイレーツは阪神2番手の野崎泰一を攻略して5安打を集中、打者9人を送り5得点して逆転に成功した。9回は野本が無失点で締め、自身11勝目を挙げた。

これが１９５０年の1シーズンだけ存在した西日本パイレーツの最終戦だった。めったに見られない逆転劇だったが、覚えている人はまずいない。翌11月19日の西日本新聞の朝刊にはイニングとテーブル、短い戦評が載っただけ、そっけないパイレーツ最後の白星の報道だった。

この試合のことは忘れ去られても、多くの野球ファンが知っている試合がパイレーツにはある。同年6月28日、巨人の藤本英雄に日本プロ野球史上初の完全試合を食らった青森での1戦だ。この不名誉な試合があるため、パイレーツは球史に残り完全に忘れ去られていないのは皮肉である。

九州・福岡には伝説の球団があった。1951年に創設された西鉄ライオンズだ。「知将」三原脩の下、3連敗後4連勝して優勝した58年の巨人との日本シリーズがあった。首位南海との最大14・5ゲーム差をひっくり返してパ・リーグ王者となった63年のシーズンもあった。「鉄腕」稲尾和久はシーズン42勝し、「怪童」中西太は史上最長の推定160メートル弾を放った。球史に刻まれた記憶と記憶の数々は、福岡ソフトバンクホークスが定着した今でも地元ファンに語り継がれている。真に伝説だ。

51年に西鉄クリッパースと合併したパイレーツは、西鉄ライオンズの前身であり母体でもある。だけど「伝説以前」の出来事は、福岡でも顧みられることなく忘れ去られている。何しろ70年以上も前のことだ。実際に見た人は、もう数少なくなってしまった。

記憶のみならず、記録の面でも悲しいものがある。筆者が勤務する西日本新聞社には、球団に関する資料は当時の紙面以外ほとんど残っていない。社史をめくってもパイレーツに触れた箇所はほんの十数行程度。たまに野球雑誌で取り上げられることがあっても、「プロ野球史上初の完全試合を食らったチーム」としてだけだ。かつて先輩記者が「ウチの黒歴史だ」と話していたように、パイレーツの残光は西鉄ライオンズのそれとは比べようもない。

「消えた球団」西日本パイレーツを現代に蘇《よみがえ》らせたい。そんな思いを、福岡で生まれ育った野球ファンの新聞記者として長年抱き続けていた。パイレーツへの同情や哀惜が根っこにあった。そもそも歴史は勝者だけが語るものじゃない。敗者の立場から見えてくる新しい何かがあるだろう。本流も支流も川を形作る。何より石ころや雑草のように扱われる1年限りの球団は、弱き者はかなき者を慈しむ日本人の心に訴えてくるではないか。ビジネス社で刊行された「消えた球団」シリーズで取り上げられた松竹ロビンスと毎日オリオンズはリーグ優勝の輝かしい経歴があるし、高橋ユニオンズは3シーズン存在した。野球の歴史を振り返ってみても、同じ1シーズンだけ存在した球団、日拓フライヤーズですら完全試合は食らっていない。

別の動機もある。長く報道に携わっていると自分たちが事実だと認識していることが、いつの間にか別の違う何かに置き換わってしまうことがある。気になって危惧《きぐ》もする。ライオンズ関係で例を挙げれば、「太平洋クラブ時代のライオンズは弱かった」（通年4、4、3、6位の成績は強くはないけれど、特別弱くもないだろう。万年最下位の西鉄末期と比べると期待は大きかった）、「クラウン時代に金がないからキャンプ地の島原へ電車と船で行った」（西鉄時代からの移動手段なのに。高速道路のない時代、バスで行けば何時間かかるのか）というエピソードが紙面やネットで散見され、しかも「事実」として他の媒体が孫引きしている。驚きあきれるとともに、マスコミの末席に連なる者として物事を正しく伝えてきたかという自問にも直面する。パイレーツの記録を持たぬ親会社の関係者として、ちゃんとした記録を残す務めもあるのではないか。

そんな思いを出発点に、西日本パイレーツの1年を追った。海賊たちはプロ野球界の荒波をどう越えて、どこにたどり着いたのか。

伝説の前史は、1949年11月から始まる。

3 INNING 出航

4 INNING 汚点

5 INNING 彷徨

6 INNING 抵抗

7 INNING 合併

8 INNING 後継

9 INNING 証言

延長戦

パイレーツ監督・選手名鑑

本書は2020年8月30日から21年2月21日まで西日本新聞福岡県版に連載された「海賊がいた　1950年の西日本パイレーツ」を大幅に改稿・加筆したものである。

1 INNING 誕生

大勢の観客の前でその雄姿を披露する海賊たち

リーグ分裂の余波から

1949年——まだ終戦から4年しかたっていないこの年、全国紙から地方紙まで新聞は用紙不足で2ページだった。戦時下の用紙統制は解除されたものの、配給制だった。九州・山口、島根を発行エリアとしていたブロック紙、西日本新聞の紙面も当時は表裏の2ページだった。中華人民共和国成立の記事（10月2日付）も、物理学者湯川秀樹の日本人初ノーベル賞決定の記事（11月4日付）も2ページだけの紙面に押し込まれた。

「新鋭〝西日本球団〟／本社を中心に結成」

1面にそんな見出しが躍った11月27日の紙面は違った。全4ページ。西日本パイレーツ誕生（この時点で球団名は決まっていなかったが）の一報を伝えるため、特別の紙面立てが行われた。

記事は、かねてからプロ野球に加盟申請していた西日本球団が、11月26日に発足したセントラルリーグへの参加が認められたことを伝える。その上で「全九州のノンプロ球界のかくれた偉材やプロ球界九州出身者の精鋭を網らし、名実ともに西日本の代表的球団を結成しようとするものである」と、チームの編成方針も示した。

田中斉之《なりゆき》西日本新聞社社長の談話も意気軒高だ。「多年にわたる西日本野球ファンの熱望に答ええたもので喜びに堪えない」「新鮮にしてはつらつ、品位高くして愛される、しかも強力なチームをつくって、かならずや期待に答えるであろう」。九州初のプロ野球球団誕生への強い自信がうかがえる。4ページの紙面もそのことを裏打ちする。

確かに西日本球団誕生は、九州の人たちに増ページしてまで報じるビッグニュースであったろう。だが全国的な関心は、同じ紙面にある「プロ野球ついに分裂／二大リーグで再出発」の記事だったはずだ。

新鋭"西日本球團"
本社を中心に結成
プロ野球ついに分裂
二大リーグで再出發
連盟は解散
職業野球協議会を結成
明春早々には初練習
新鮮溌剌な球團へ
田中本社社長談
セントラル
巨人、阪神、中日、大陽、大洋
西日本などの八チーム
パシフィク リーグ
南海、阪急、大映、東急、毎日
近鉄、西鉄の七チーム

誕生を伝える1949年11月27日の西日本新聞

11月26日、日本野球連盟は顧問代表者会議を開き、新たにセ・リーグとパ・リーグを編成することを決めた。プロ野球草創期からあった同連盟が終焉《しゅうえん》し、現在のプロ野球の基となる2リーグ制が始動したのだ。西日本球団は変革の混乱の中で生まれた。

太平洋戦争中は「敵性競技」とされ中断を余儀なくされたプ

ロ野球が復活したのは、終戦から100日たった1945年11月23日。6チームの選抜選手たちによる「日本職業野球連盟復興記念東西対抗戦」だった。46年から8球団(1リーグ)によるペナントレースが始まった。野球通だった連合国軍総司令部(GHQ)経済科学局長、ウィリアム・マーカット少将の強い意向が働いていたとされる。

1949年4月15日、日本野球連盟総裁(コミッショナー)に正式就任した正力松太郎は、近い将来、球団を増やして、二大リーグ制を敷くと声明した。いわゆる「正力構想」である。米国の大リーグに倣《なら》ったもので、GHQの意図を汲《く》んだともいわれた。

この声明が出た後、プロ野球参入をもくろむ企業が次々と名乗りを上げた。西日本新聞もその1社だった。連盟は加入申請をめぐって混乱し、議論は紛糾していった。

1950年11月27日付の西日本新聞朝刊2面にある「日本野球　二リーグ制の経緯」の記事を基に、セ・パ両リーグの誕生までを追ってみよう。

記事を要約するとこうなる。

かねてから新球団設立のうわさがあった毎日新聞が1949年夏に名乗りを上げた。新加入の可否をめぐり既存8球団が協議したが、阪神、阪急、南海、大映、東急が賛成、巨人、中日、太陽が反対と割れた。賛成派は将来の2リーグ制を目指し新球団の門戸を広げることを優先し、反対派は戦前から苦労して築き上げた既得権を失いたくないとの理由だった。

賛成5対反対3の結果を受けて毎日承認の流れが生まれ、もう1球団加えて10チームにしようという議論が始まった。毎日に追従するように、近畿日本鉄道、西日本新聞、西日本鉄道、星野組、大洋漁業などが日本野球連盟に加盟を申請していた。

南海などは「もう1球団」として近鉄を、中日、巨人は西日本を推した。そもそも毎日の加盟を認めるのか、認めるならどの球団を加えるか、その際の枠組みはどうするかなど議論百出で話はまとまらず、協議は暗礁に乗り上げた。

その後、毎日加盟の賛成派と反対派の意見は妥協点を見いだせないまま、11月26日の日本野球連盟顧問代表者会議を迎えた。会議では「八球団代表者は二リーグ制を実施することに意見一致」したと伝える。27日の西日本新聞朝刊に連盟の声明が載っている。「職業野球発達のため連盟組織を解体し各球団は新しい構想の下に自由意志をもって各集結することとなった」「連盟の理想とした二大リーグ実現の契機となることを願い（中略）加盟申込みの各球団はこんご自由に行動されんこ

都市対抗野球の始球式で投げるマーカット少将。無類の野球好きで知られる

とを望む」とある。

この箇所だけを読むと2リーグ制はスムースに導入されたと思いそうだが、その裏では連盟関係者の思惑や既存球団の駆け引きが交錯していたことは、多くの人が知るところだ。端的な例が「西日本球団」をめぐる動きだった。

目指すは一つの西日本

「日本野球　二リーグ制の経緯」の記事にこんな記述があった。毎日に続く「もう1球団」を決める協議の過程で、「中日、巨人は西日本（西日本新聞と西鉄と一本になる）を押して十チーム説を主張していた」。結果的に西鉄球団はパに加盟し、福岡の2球団は両リーグに並立したが、当時は「西日本球団」として一つにまとまる話があったようだ。

西鉄球団設立に尽力し、のちに西鉄ライオンズ球団社長となった西亦次郎の回顧が『戦後プロ野球史発掘』（関三穂編、恒文社）に残っている。「（2リーグ分裂の混乱がなければ）絶対に（西日本と西鉄は）一本になっていた」と。

1949年のプロ野球再編問題を扱った書籍には、そのことを裏書きする記述がある。「（西鉄は）新球団結成に乗り出すと同時に経営は西日本鉄道、宣伝は西日本新聞と仕事の分担もきめていた」（大和球士著『プロ野球三国志』ベースボールマガジン社）。球団創設に奔走した西鉄職員の中島国彦も証言している。「当初、ウチは西日本新聞社長の田中斉之さんに『一緒にやりましょう』と声をかけていたんです。『うちは営業権があればいい。あなたの所は新聞の部数を増やすためにやりなさい』」（立石泰則著『魔術師』文藝春秋）。九州を代表する鉄道会社と報道機関による球団ならば安定した運営が見込める。中日と巨人が新加盟球団に「西日本」を推したのは、そんな期待があったからだろう。

相思相愛だった二つの「西日本」が抱いた、球団設立への思惑に触れてみたい。

福岡で最初のプロ野球の試合が行われたのは1946年8月17日、香椎球場（現福岡市東区）の金星―中部日本、阪急―近畿の変則ダブルヘッダーだった。翌日の西日本新聞朝刊には、観客がすし詰めになったスタンドの写真が試合そのものの写真より大きく載っている。試合も地元出身の金山次郎、古川清蔵（ともに中部日本）らが活躍し声援を集めた。また香椎球場は西鉄の所有で、西鉄宮地岳線（当時）の沿線にあった。プロ野球の興行が「金になる」コンテンツであることは強く認識されただろう。

西鉄ライオンズの球団社長となる
西亦次郎

1948年に第3回国体が福岡で開催されたことも、福岡の人たちのスポーツへの関心を高

金星と近畿勝つ
岩本（中部）待望の本塁打
日本野球九州大会
小倉中敗る

福岡初のプロ野球開催でスタンドを大観衆が埋めた

める契機になった。焦土からの復興とスポーツ振興とは親和性が高い。国体で整備された平和台総合運動場内に49年12月、平和台野球場が完成した。西日本と西鉄による新球団設立構想には、この球場の存在も織り込まれていたはずだ。

今では忘れられているが、西鉄は戦前、すでにプロ野球球団を持っていた。１９４３年に大洋軍を譲渡され、この年いっぱい経営に当たった。監督はのちに広島カープを率いる石本秀一、プロ野球創設期からプレーする野口明、西日本パイレーツのエース格となる重松通雄らがいたが、戦況の悪化を受け1年だけで解散となった。当時、フランチャイズ制はなかったため、西鉄軍が九州で試合することはなかった。

戦後、西鉄はノンプロチームを結成する。福岡のノンプロには八幡製鉄、門司鉄道局などの強豪がそろっていたが、１９４８年に初出場した都市対抗野球で優勝した。メンバーは宮崎要、武末悉昌《しっしょう》、上野義秋、深見安博らのちに西鉄クリッパース〜西鉄ライオンズで活躍する選手が中心だった。

一つの西日本球団を目指した西日本新聞と西鉄の仲を引き裂いたのは、のちにセ・パの主導権を握ることになる読売と毎日だった。

新興球団の毎日はリーグ分裂を見越して、プロ野球参入を表明した近鉄と西鉄との間に「行動を共にする」との誓約書を交わした。西鉄の西亦次郎は、連盟に新加盟を打診したところ「あなたのところは順番が後になるだろう」と言われ、毎日関係者に相談を持ち掛けていたのだ。西は後年、こう語っている。「(プロ野球加盟を)毎日新聞に行ってお頼みしておったわけです」「黒崎貞治郎さん(毎日球団代表)が毎日と近鉄と西鉄と、三社から判コをとった」「必ず同一行動をとりますという一札を入れた」「二リーグに割れたときに、われわれは身動きができないようになっていた」(『戦後プロ野球史発掘』)。

西鉄は西日本新聞とともにセ・リーグ入りを指向していたようだ。西は「野中社長から、巨人側のリーグへ入るように、と言われたが、時すでに遅かった」とも語ったともいう(『鈴木龍二回顧録』ベースボールマガジン社)。

西日本新聞は読売との関係に縛られていた。西日本新聞元相談役の福田利光が証言している。「読売新聞社から盛んに勧められたわけですよ。『是非、球団を持て。選手の斡旋《あっせん》もするし、すべて面倒を見るから』と」（『魔術師』）。西日本新聞は当時、読売新聞から一部記事の提供を受けていた。西日本新聞の前身の一つ、九州日報を一時読売が経営していた縁もあった。読売が積極的に働きかけたのは当初、新球団が「西鉄込み」と考えていたからだろう。その後西鉄がパに行くと分かっても、セに九州の球団が何としても必要との考えは変わらなかった。巨人には川上哲治、川崎徳次、山川喜作ら九州出身の主力選手がおり、興行的な「うまみ」を逃す手はなかった。

読売と毎日の思惑に翻弄《ほんろう》され、セとパに泣き別れとなった西日本と西鉄だったが、〝別れの理由〟として笑えないエピソードが残っている。

1949年9月、プロ野球の加盟申請のため、両社を代表して西日本新聞関係者が上京した。だがこの人は提出した書類に、「申請者西日本新聞社」とだけ書いて、西鉄を書き忘れてしまった。このため西日本と西鉄が別球団として扱われるようになった（『プロ野球三国志』）。今となっては真偽のほどを確かめるすべはないが、「もし両社を併記していたら」と想像すると複雑な思いがする。

西日本、西鉄両球団それぞれの誕生が決まった翌日、11月27日の毎日新聞朝刊に「西鉄は西日本球団と無関係」の見出しで西鉄の木村重吉副社長のコメントが出ている。西鉄が西日本球団に包括されることは「断じてない」と否定し、単独でセに行くうわさも「デマもはやなはだしい」と強調した。恋人たちと同じで、手ひどい別れの後は相手につらく当たってしまうのだろうか。

監督も選手もゼロから

遠回りしながらも、セ・リーグへの加盟が認められた西日本球団だったが、前途多難が予想された。監督も選手も人選がまったくの白紙だったからだ。

この時点で西日本のほか、セが大洋、パが毎日、西鉄、近鉄の新加盟が決まっていた。セでは広島、松竹、小田急が追加候補に挙がっていたが決定には至っていない。翌年加入する国鉄の名前は表に出ていなかった。

新球団のうち「母体」となる野球チームがないのは西日本くらいだった。大洋、西鉄は都市対抗野球で活躍するノンプロチームを持っていた。近鉄は一時期プロ野球のオーナーだった。毎日は主催する都市対抗野球の有力選手をスカウトできる立場にあった。

ただでさえ球団数増加で選手不足がわかりきっている中、ゼロからどうやってチームを編成するのか。強く球団設立を勧めた読売は西日本球団に1人の男を紹介した。宇高勲。プロ野球スカウトの元祖ともいえる人物だった。

西日本球団のチーム編成を担った宇高勲は異色の経歴の持ち主だった。

戦後、プロ野球が本格的に復活したのは1946年。社会人野球や大学野球、高校野球とともに人気を獲得していった。自動車部品製造会社を経営していた宇高は、好景気にも後押しされ新球団設立を目指した。日本野球連盟に加盟申請したが拒否されたため新リーグ創設に奔走し、47年に国民野球連盟（国民リーグ）を4球団（宇高レッドソックス、グリーンバーグ、唐崎クラウン、大塚アスレチックス）で発足させた。今でいう独立リーグだが、旧西鉄軍の石本秀一や濃人渉の名前があった。宇高は連盟の会長となり、自らレッドソックスのオーナーとなった。

国民リーグは全国を転戦した。めったにプロ野球を見られない地方では歓迎されたが、資金難や日本野球連盟の横やりなどで挫折し、1年で解散となった。

チーム編成に奔走した宇高勲（ベースボールマガジン1964年2月号）

解散後も宇高は新リーグ結成のノウハウを生かし、プロやノンプロチームに選手を紹介していた。その手腕に巨人関係者が着目し、西日本球団に紹介したのだ。

宇高はのちに西日本のチームづくりを回顧している。「（他球団がチームづくりを進める中）西日本がまだぽかんとしているんです」「（1949

年）十二月の二十七日に初めて（スカウトを）承諾したわけだ」「（西日本新聞東京支社へ）飛び込んでいったのがその日なのですよ」「一番最後に私がでて行って、一番早くチームを作ったんですよ、東急の線と阪急の線で」（「ベースボールマガジン」1964年2月号）。プロ野球界の裏も表も知る、宇高のやり手ぶりがうかがえる。

　宇高は東急の線で清原初男と森弘太郎、阪急の線で平井正明、永利勇吉、日比野武の移籍を実現した。平井の獲得をこう振り返っている。かつてレッドソックスにいた宮崎剛（阪急）の勧誘に西下したが、すでに大洋行きが決まっていた。ほかに誰かいないかと尋ねたら、永利と日比野を紹介された。この2人と話をつけた後、駅で平井とバッタリ会った。「どこへ行く」と聞いたら、阪急が2位になったお祝いで球団が背広をつくってくれる、その採寸に阪急百貨店に向かっているという。「それが終わったら自分の宿舎まで来い」と告げたら、きちんと1時間後にやってきた。移籍の話を持ち掛けると、「お願いします」となった。ただ「ぼくは行きたいけど、うちのかあちゃんに話さなきゃいけない」と言われたので、平井宅に契約に行くと交渉はすべて妻が担当し、平

阪急から移籍してきた日比野武捕手はのちに西鉄でも活躍

井は廊下で赤ん坊をあやしていたという（「ベースボールマガジン」1964年2月号）。野球協約ができていない時代の、ゆるいエピソードだが、のちに平井も西日本もこのゆるい契約で、大いに悩まされることになる。

選手はほかに巨人の緒方俊明、元金星の重松通雄の両投手、巨人に籍を残したままノンプロ別府星野組にいた強打者、関口清治の参戦も決まった。ようやくチームの形が見えてきた。

1950年1月1日の西日本新聞朝刊3面のトップ記事は、「新鋭『西日本球団』第一次編成終る」だった。3月のプロ野球開幕に向け、新生西日本球団のチーム編成の進み具合を伝える新年らしいニュースだ。

紙面には監督となった小島利男をはじめ、「入団決定ずみ」となった18選手の名前と写真、プロフィールが載っている。

小島利男監督の妻で女優の千鶴子の著書

1913年生まれの小島は、この時36歳。早大の強打者として東京六大学で鳴らし、リーグ史上初の三冠王となった。戦前は大阪タイガースなどでプレーした。戦後、プロ野球を引退して電通に勤務していたが、新球団の指揮官として白羽の矢が立った。

野球を離れても、小島は松竹歌劇団の第1期生、小倉みね子（小島千鶴子）との結婚で話題となった。千鶴子夫人が著した『小島利男と私』（ベースボールマガジン社）には、監督就任の経緯が書いてある。「吉田社長（吉田秀雄電通社長）の斡旋で西日本パイレーツの監督兼選手（中略）として入団し、ふたたび野球界に復帰することができました」。当時の西日本新聞東京支社は電通の建物に入っており、吉田も福岡・小倉の出身である。実力者として選ばれたというより〝地縁〟から生まれた監督だ

打線の中心をになった（左から）田部輝男、永利勇吉、清原初男、南村不可止、関口清治の各選手

ったのかもしれない。西日本新聞社にも早大出身者が多数いた。

18人の中には、まだ平井、永利、日比野の阪急からの移籍組は含まれていないが、西日本球団の中心となる選手の名前があった。内野手の南村不可止《ふかし》は1917年4月生まれで、このとき32歳。旧制市岡中時代はあの沢村栄治（京都商業）と投げ合った経験があり、早大時代は「黒バットの南村」として知られ2度首位打者となった。卒業後は三井信託銀行に勤め、クラブチームの横浜金港クラブでプレーしていた。大学の先輩、小島利男監督の誘いで入団を決め、開幕後はルーキーながら4番も務めた。紙面には「重量打線としての巨砲ぶりがもっとも期待される選手」の評が出ている。

南村不可止（侑広）選手はのちに巨人入りし、評論家に

外野手の関口清治はノンプロの強豪、別府星野組に所属していたが、身分は現役の巨人の選手である。けがの治療で〝出向中〟だったものの、主力打者として都市対抗でチームを優勝に導いた。オールドファンならば、1958年の西鉄対巨人の日本シリーズ第5戦で9回二死から同点打を放ち、「奇跡の日本一」につなげたライオンズの五番打者を覚えているだろう。紙面には、「六尺（約1・8メートル）豊かな巨

体の豪快なスウィングは将来のホームランバッターとして注目の選手」とある。

このほか戦前から活躍したベテラン塚本博睦、熊本出身の好打者清原初男らの名前もある。

一方で、紙面では「入団決定」なのに、結局入団しなかった選手の名前もある。片山博は期待の投手の筆頭で、「東急フライヤーズの主戦投手」と紹介されているが、新生球団の大洋に入団した。「フライヤーズの重鎮で強打者」大沢清も大洋へ入団した。ノンプロの好投手だった古谷法夫（コロムビア）と長武男（古沢建設）も国鉄入りした。

1950年2月12日の西日本新聞夕刊に、小島と西鉄クリッパースの宮崎要による監督対談が掲載されている。最初の話題は選手獲得の苦労だった。宮崎がノンプロ全藤倉の内野手、大館盈六を取ろうとしたことを打ち明けた。宮崎は慶応大時代、大館と二遊間を組んでいた。小島は「大館はだいたいウチでとることにして藤倉の社長、おくさん、それに周囲のモノと手をうつべきところにはぬかりなく打って」入団一歩手前まで行ったが、「肝心の本人がドタン場でぐずり出してオジャンになった」

巨人から入団した関口清治選手はのちのライオンズ5番打者

と語った。「（愛知商の）先輩の僕のいうことさえきかなかったくらいだから君が行ったんじゃとても…」と苦笑した。

小島と宮崎は、1949年に毎日が主催したノンプロ・オールスターで選手の引き抜きが横行していたことも暴露し、めぼしい選手は全部毎日にさらわれたと嘆いている。また小島は、パイレーツ投手陣の補強が遅れていることに対し、「片山も長もかえしてほしい」と訴えている。

球団が水増しされ、選手獲得競争が激化する中、チーム編成がいかに流動的であったかがよく分かる対談だった。

28万通からパイレーツ

「ニック・ネーム決まる　パイレーツ」

西日本球団の「第一次編成」の中身を伝える1950年1月1日西日本新聞朝刊には、そんな見出しの記事も載っていた。49年12月6日から、愛称を全国に公募していたのだ。「（愛称募集は）当初の予想をはるかに突破し二十八万四千七百二通に達し」「全社をあげて慎重選定をいそぎ」「『パイレーツ』が正式に決定されるにいたった」と記事は告げる。パイレーツは「不撓《ふとう》不屈、洋々たる海上を活躍舞台とする『海賊』を意味するもの」で、「言

Pirates

ニック・ネーム決まる

パイレーツ

選定のことば

ニックネームがパイレーツに決まったことを報じる西日本新聞

葉のひびきがもつ何となくロマンチックな彩り」「九州、中国とは古来ゆかりの深い物語をもつ愛称として」「全国野球ファンの歓迎をうける」ものだと続けた。

当時の福岡市の人口は約40万人だった。約28万通の応募総数のすごさが分かる。

翌年、パイレーツと西鉄クリッパースの合併で愛称を募集したとき（ライオンズに決定）は約5万通だった。

同日の夕刊には、より詳しい情報が載っている。最終候補に残ったのは「マルーンズ（海老茶色）ファルコンス（隼）フェニックス（不死鳥）バッファローズ（野牛）オストリッチ（駝鳥）シャークス（鮫）ゼブラス（縞馬）クレイターズ（噴火口）グェイル（疾風）コメッツ（彗星）ネプチューンズ（海王星）ロードスター（北極星）ローズ（バラ）など」計14点だった。

ロードスターは自動車で北極星ならポーラースターだとは思うが、寄せられたアイデアは実に多彩だ。新生球団への関心の高さも伝わる。近鉄がバファロー（ズ）となったのは1958年だから、西日本が先に名乗ったら猛牛軍団は誕生しなかったのだろうか。ゼブラスならばユニホームは当然縦縞か。1年で消える運命が分かっているなら、コメッツがもっともふさわしかったのではないか。

ともあれ「西日本パイレーツ」の1950年が始まった。

2 INNING

栄光

西日本新聞　昭和25年1月22日　日曜日

西日本パイレーツ第一陣来る

ファンの波、花吹雪　まず14選手福岡へ

愛されるチームに

大阪で披露式　セントラル リーグ

釜山—門司に定期航路開始

"経済力に伴った運動"

西日本パイレーツの選手たちは福岡に到着し、
紙吹雪と声援で歓迎された

歓迎受けキャンプイン

「西日本パイレーツ　いよいよ福岡に勢ぞろい」

1950年1月21日夕刊に海賊たちの始動を伝える記事が載っている。監督の小島利男と選手10人が前日、東京を発《た》ち、21日に福岡市の博多駅に到着するというのだ。球団結成から選手が福岡に集結するのは初めてで、24日からは平和台球場でトレーニングキャンプが始まると予告している。

1月22日の朝刊は市民の歓迎ぶりを伝えている。車両でパレードする選手たちを、紙吹雪と声援で迎える人々の写真が載っている。ファンは口々に「『アッ南村だ』『関口だ』」と叫んで集まって来たという。この時点で新人や若手選手の顔と名前が一致するとは、福岡の野球熱は高かったのだろう。

当時、東京—博多間は急行列車で丸1日かかっていた。パイレーツナインは疲れを見せず、歓迎式典や西日本新聞社への訪問などの予定をこなした。

東京組に九州在住を加えた第一陣の選手名が紙面に並ぶ。1月1日の「第一次編成」のリストにはなかった熊本出身の投手、緒方俊明の名前がある。巨人に所属し前年は6試合だけの登板（0勝1敗）だったが、「郷土に帰れて嬉《うれ》しい、立派なチームに仕上げ九州ファンにこたえたい」とコメントしている。

　パイレーツナインは1月23日、予告より1日早く平和台球場で練習を始めた。まだユニホームはなく、みんなそろいのトレーニングウエア姿だ。終了後、子どもたちのサイン攻めにあい、小島や緒方は「身動きが取れずうれしい悲鳴をあげていた」という。

1950年に20勝をあげてエースとなった緒方俊明投手

　平和台球場は1949年12月、福岡市中心部にある舞鶴公園（福岡城址）内に完成し、同月18日の巨人対阪神のオープン戦が球場開きとなった。一部スタンドは土盛りでナイター設備はなかったが、公称4万人収容とされ、両翼90メートル、中堅122メートルの堂々たる新球場だった。

　こけら落としの巨人―阪神戦は大入り満員となった。開場時に観客が殺到し、巻き込まれた小学生と中学生が死亡する事故が起きたほどだ。そんな悲劇があったものの、関係者は野球は金になるコンテンツであることを再認識したのではないか。

　西日本パイレーツの平和台キャンプはどんな様子だったのだろうか。野球雑誌は当時もキャンプ地訪問を載せていた。博友社が出していた「野球界4月号」にパイレーツのリポートがあった。

選手の先頭に立つのが新人の南村不可止だ。福岡国体で式典委員長を務めた名中距離ランナーの楢崎正雄がキャンプでトレーナーを務める。楢崎の指導は「南村選手の温和な人柄とともに、体をつくると共にチームワークを完成する上に大きな役割を果たしている」と書く。「実力の強弱はとも角としてチームワークの点では完璧《かんぺき》であり、投手力の弱体さえカバー出来たら、実力以上の活躍を期待させるに充分である」との評価もある。

投手は「巨人からの緒方を第一線に、森（弘太郎）、藪田（正則）、野本（喜一郎）らがこれを助ける」と書く。捕手も「阪急から日比野（武）を抜いたことは大きなプラス」と評価している。

内野陣は南村、田名網英二、清原初男、鈴木忠らの名を挙げたが、巨人の白石勝巳の入団交渉が不調に終わり、「広島にアッサリ横取りされたのは、大きな違算」と指摘している。外野手は塚本博睦、関口清治、田部輝男が「第一線」で、中でも関口は「堂々たる四番打者としての自信を持つにいたったのは大きな収穫」としている。

総じて好意的なキャンプ評ではあるが、「チームの実力は全然未知数で、小島（監督）の統率力如何《いかん》が今後の成績に大きく影響すると思われる」と結論付けた。実力・実績のある巨人、阪神と比べるべくもないとの見立ては的確な評価といえそうだ。そのせいか、南村のコメントも「何とかして五〇勝とりたい」と謙虚だ。シーズンの１３６試合を戦い終えたとき、南村の目標は達成されるのだが……。

キャンプ中にも、新入団選手が次々と決まっていった。１９５０年2月3日の西日本新聞朝刊で「第二次入団者」７人が発表された。

「もっとも期待される新人」は投手の小嶋仁八郎だった。ノンプロの別府星野組を都市対抗野球大会に導く活躍を見せ、自ら軟式野球のクラブチームを結成し全国大会にも出場した28歳のサウスポーだ。しかし小嶋はキャンプ中に退団してしまう。麻雀のトラブルが原因だった。のちに西日本新聞に小嶋の聞き書きをまとめて連載された「球道無限」（１９９６年）で述懐している。「練習が終わるとワシの部屋がマージャン部屋となって占領された。さらに、もっと悪いのはマージャンを夜遅くまでやったんじゃ。こっちは眠たくても眠れん。監督たちは明日の練習のことを何も考えんで牌を並べておった」と訴える。小嶋は監督に抗議したが、逆にチームワークを乱す奴

のちに小嶋仁八郎は大分・津久見高監督として甲子園で優勝した（1972年撮影）

だとにらまれてしまった。「一緒に入団した星野組からのチームメートの永利（勇吉）に相談すると『監督からにらまれたら、つまらんな。津久見に帰れ』と諭された」という。アドバイスに従った小嶋は、大分に戻って高校野球の監督になる。「あの時にやめてよかった。プロにおったとしても、何年かでパーになっていたはずだ。使いもんにならずに、お払い箱になるのは目に見えていた」と振り返る。津久見高校を春と夏の甲子園で全国制覇に導いた名将は、パイレーツの理不尽な扱いの中から生まれた。

ヤンキーススタイルで

1950年2月15日、西日本パイレーツは平和台球場でのキャンプを打ち上げた。19日の西日本新聞朝刊には、「堂々の進発」の見出しで登録を終えた全選手の名簿が掲載されている。

監督の小島利男以下25人で、投手の小嶋仁八郎の名はすでにない。

小島は談話で「〝上品で強いチーム〟これが私のモットーだ、名こそパイレーツだが、グラウンドでも、私生活でもニューヨーク・ヤンキースのようなチームカラーをつくっていきたい」と宣言する。ヤンキースは言わずと知れた米大リーグ屈指の強豪だ。志は高い。

しかしハードルも高い。ヤンキースは1949年、ワールドシリーズで優勝した「世界一」のチームだ。パイレーツはペナントレースの予想で優勝の声はまったく挙がっていない。それどころか「ホームラン3月号」（ホームラン社）では「目下のところどう見ても強チームとはいわれない」と酷評された。同じ福岡の球団、パ・リーグの西鉄クリッパースとの比較では「実力の点において完全に圧倒されるおそれが多分にあり」とされ、「広島と下位争いというところに落着きそうである」と手厳しい。小島については「プロ野球の監督としては未知数で、消息道の間では期待薄とされている」とまで書かれた。

そんな小島は「ユニホームもニューヨーク・ヤンキースのデザインをそっくりとり入れた」と言う。まずは形から入ろうとしているが……。

早大時代は初の三冠王になるなど活躍し、選手兼任で監督となった小島利男

この日、平和台球場で初の紅白戦が行われた。紅軍はエース候補の緒方俊明、白軍は新人の林茂が先発したが、両軍ともヤンキースっぽいのはユニホームだけで、お世辞にもワールドチャンピオンのような試合運びではなかった。紅軍は林を攻め2回までに6点を奪った。しかし

緒方も白軍3番の関口に3ランを浴びるなど4失点し、主戦として不安を残した。

結果は8対5でレギュラー中心の紅軍が勝った。紙面は「練習不足で実力が出しきれず」「体の動きに鈍いところがあった」と本調子ではないと見抜いていた。

この試合で9回に地元福岡工高在学中の玉川郁が登板し、無失点に抑えた。玉川の名は19日朝刊のメンバー表になかった。記事は〝超高校級〟球児を褒めたたえているが、高校生すら打ち込めないのが現状ではなかったか。玉川はのちにパイレーツ入りするも、ほとんど活躍できなかった。


プロ野球はキャンプからチームの紅白戦を経て、オープン戦に臨み公式戦を迎える。そのルーティーンは70年前から変わらない。

西日本パイレーツのオープン戦初戦は、2月25日の平和台球場での大洋ホエールズ戦だった。

厳密に言うと、このときホエールズは「まるは球団」と呼ばれていた。大洋となるのはシーズンに入ってからである。下関球場（山口県下関市、現在とは別の場所にあった）を本拠地にしたセ・リーグの新生球団で、巨人から移籍した中島治康、阪急から補強した宮崎剛らが所属していた。パイレーツの「第一次編成」に名前があった投手の片山博も東急から移っていた。

初の対外試合に向けて選手たちは猛練習に励んでいると思いきや、23日には福岡市で開催中の美術展「日展」を全員で鑑賞している。余裕があったのだろうか。ただ平和台でのオープン戦は雨天中止となった。

26日、舞台を下関に移してホエールズ戦が行われた。先発はパイレーツが緒方、ホエールズは林直明。先攻のパイレーツは先頭の平井から3連打し、1点を先制した。4回には永利が林から右翼席に特大ホームランを放った。

先発緒方はカーブとシュートを決め球に、ホエールズ打線を無得点に抑えたが、2番手野本喜一郎が2点を失った。打線

大洋が本拠地としていた下関市向洋町の下関球場（1960年撮影）

は林から代わった高野裕良を攻め、8回に勝ち越し。9回も南村の2点本塁打が飛び出し、パイレーツが6―2で勝利した。

翌日の西日本新聞朝刊は「パイレーツ一方的快勝」との見出しで報じたが、8回までは均衡した好試合といえよう。記事は15安打した打線を賞賛し、パイレーツは「打のチーム」と印象付けた。

これがパイレーツ史上唯一の春のオープン戦となった。人で埋まった下関球場のスタンド写真は、関門海峡を挟んで高まる野球の熱を伝えている。

金星重ね野球祭で優勝

オープン戦で大洋（まるは）ホエールズ相手に快勝したパイレーツは、勇躍大阪に向かった。3月3日から甲子園球場で開かれるセ・リーグ「春の野球祭」に臨むのだ。

野球祭はセ・リーグ8球団のお披露目興行として、トーナメントで「優勝」を争う趣向になっていた。2リーグ分裂による球界再編で、どのチームも編成に時間がかかり、実戦経験が乏しかった。ファンもまた球場での観戦を心待ちにしていた。

開幕前日は全選手がバスに分乗し、大阪市内をめぐった。夜には道頓堀の劇場で「オープニング・ナイト・ショー」も開かれた。パイレーツからは小島利男、日比野武ら4人が

花吹雪浴びて行進
きょう開幕 セ・リーグ春の野球
大阪着のパイレーツ（本社・大阪電送）

セ・リーグ「春の野球祭」で大阪にて歓迎を受けるナイン

登壇した。

開幕日、甲子園では趣向を凝らした開会セレモニーが行われた。始球式用のボールが米軍機から投下され、兵庫・西宮で開催中の「アメリカ博覧会」の米国人スタッフも登場した。かつての「敵国」は、野球発祥の憧れの国になっていた。

打ち上げられた花火には8球団の小さなペナントが仕込まれ、数百羽のハトとともに春の空に舞った。宮崎出身で、1970年の大阪万博時に大阪市長となる中馬馨助役が始球式を務めた。一連のセレモニーに臨んだパイレーツナインは気もそぞろだっただろう。第1戦は開催式直後、対戦相手は優勝候補筆頭の巨人だった。

事後に大会特集を組んだ「野球界5月号」はこう書いた。「誰だって西日本が勝つなどと思わぬ一戦であった」と。

1950年から巨人の監督となった水原茂

　野球祭1回戦で西日本パイレーツが対戦する巨人は、1949年シーズンの覇者だ。50年はシベリア抑留から引き揚げた水原茂が初めて指揮を執り、打者は川上哲治、青田昇、千葉茂、投手では別所毅彦、藤本英雄、中尾碩志らそうそうたるメンバーがそろっていた。パイレーツに移籍してきた緒方俊明も「巨人では出番が少ない」と言われていたほどである。

　巨人が中尾、パイレーツが森弘太郎の先発でプレイボールがかかった。森は阪急時代の1941年に、最多勝のタイトルを取ったベテランだ。

　試合は4回裏、ヒットで出た小松原博喜を二塁に置き、2番山川喜作が一、二塁間を破って巨人が1点先制した。パイレーツは5回表に日比野武の二塁打を皮切りに、森、平井正明、南村不可止が連打して4点を奪い逆転に成功、6、8回にも代わった多田文久三から1点ずつ追加して6－1で9回裏を迎えた。

　〝王者〟巨人も意地をみせる。セカンド田名網英二、ショート平井のエラーなどに乗じて3点を返し、さらに二死二、三塁と攻め立てた。一打同点のピンチとなったが、救援登板したアンダースローの重松通雄が最後の打者、藤本英雄を三邪飛に打ち取り、6－4で初戦を突破した。

西日本	0	0	0	0	4	1	0	1	0	6
巨人	0	0	0	1	0	0	0	0	3	4

（西）森、重松—日比野 （巨）中尾、多田—藤原、内堀

「パイレーツ巨人を屠《ほふ》る」。翌3月4日の西日本新聞朝刊は、ものものしい見出しで勝利を伝えた。

「試合量の不足から本当の力を出し切れなかったのだ」。「野球界5月号」に巨人総監督、三原脩の談話が載っている。「読売スポーツ5月号」も「〝一本勝負に弱い〟巨人が、西日本捨身の気力に圧され、第一戦で〝春の野球祭〟から姿を消した」と書く。敗戦は予想外と強調しているようだ。

戦前、「巨人が優勝するよう、与《くみ》しやすい西日本と初戦に当たるようにした」と根も葉もないうわさが流れたそうだ。忖度《そんたく》が疑われるほどのセ・リーグの強豪を破り、地元福岡も優勝したかのような盛り上がりだったという。宿舎には1通の電報が届いていた。「カ

イシヨウヲシユクス　ミヤザキ」。西鉄クリッパース監督の宮崎要からだった。

野球祭準決勝の相手は松竹ロビンスだった。前身は大陽ロビンスといった。映画会社の松竹がこの年から経営に参画していた。小鶴誠、岩本義行、大岡虎雄、金山次郎とのちに「水爆打線」と呼ばれる強打が持ち味で、投手陣も真田重男、江田貢一、新人の大島信雄と実力者がそろっていた。1回戦は大洋（まるは）との引き分け後の再試合を6－2で勝利していた。

この年、51本塁打を放つロビンスの小鶴誠

試合はパイレーツの圧勝だった。打線は松竹先発の江田を攻め、2回に敵失があって2点を先制した。その後も好機に永利、南村の三塁打が出て着々と得点を重ね、6安打ながら7点を奪った。先発の緒方俊明も圧巻だった。コントロール良く、シュートとカーブのコンビネーションでアウトの山を築いた。4回に木村勉と小鶴の連打で無死一、二塁とされたが、後続を断って唯一のピンチを切り抜けた。結局強打の松竹を散発6安打に抑えて完封した。三塁を踏ませぬピッチングだった。

翌6日の西日本新聞朝刊もパイレーツ決勝進出を伝えた。緒方、永利、南村の活躍が見出しに踊ったが、初戦勝利のときより扱いが明らかに小さい。やはり巨人は「別格」ということだろうか。

野球祭決勝の対戦相手は中日に決まった。準決勝で阪神に8－2と快勝、4番の西沢道夫が2本塁打を含む4安打と大暴れした。

天知俊一率いる中日はセ・リーグの優勝候補に挙げられていた。2年目の杉下茂、戦前に本塁打王となった〝二刀流〟服部受弘、指のけがからパームボールの使い手となった近藤貞雄らが投手陣の中心で、打撃陣も西沢、杉山悟、杉浦清らが主軸だった。

6日の西日本新聞には決勝の展望が載っている。投手力は互角で、「決勝戦のヤマは対巨人戦で見せた強引な心理戦術の小島と、定石をはずさぬ天知両監督がいかなる戦法で乗り出すかの作戦の妙味にある」と予測する。まるで日本シリーズ直前の様相だ。

「フォークの神様」中日の杉下茂投手は入団2年目

6日、曇り空の甲子園球場で決勝戦が始まった。新鋭と古豪の激突。ブロック紙の新聞社対決。そういえば読売新聞もまだブロック紙（大阪での新聞発行は52年から）だったので、巨人戦も同じ構図だったか。

先発は中日がこの年14勝を挙げる宮下信明、パイレーツは巨人戦でストッパーを務めたアンダースローの重松通雄が指名された。試合は2回に動き始めた。

先制したのはパイレーツだった。

2回表、永利が四球で出塁すると田部輝男、日比野武、重松、平井が4連打した。重盗が成功、敵失も絡んで3点を挙げ、先発の宮下をノックアウトした。南村不可止が、代わった近藤貞雄から3ランを放って点差を広げた。打者一巡し、永利がとどめの2ランで8点目のホームを踏んだ。大勢は早々に決した。

とどめの2ランを放った永利

2回裏、中日も反撃に出た。二つの四球と野口明の二塁打などで重松を攻略した。2番手森弘太郎を引っ張り出し、この回4点を返した。だが中日ベンチが活気づいたのはここまでだった。

試合はその後、パイレーツが4回に清原初男のソロホーマー、5回に日比野の二塁打などで中日が繰り出す杉下、三富恒雄、星田次郎の投手陣から得点を重ねた。中日は森の老練な投球に翻弄《ほんろう》され、9回に1点を返しただけ。11－5でパイレーツが優勝した。最優秀選手は巨人、中日戦で好投した森が獲得した。

西日本	0	8	0	1	1	0	1	0	0	11
中日	0	4	0	0	0	0	0	0	1	5

（西）重松、森—日比野（中）宮下、近藤、杉下、三富、星田—野口

「野球祭優勝」を報じた1950年3月7日の西日本新聞朝刊には、監督の小島利男の談話が載っている。「勝因は人の和、チームワークがよくとれていたことが第一で、また波に乗った打線の活発さにあった」と自賛している。

野球雑誌も、野球祭の模様をグラビア特集している。「読売スポーツ5月号」には、記念写真に納まるパイレーツナインが掲載されている。どの選手も喜びより、ほっとした表情を浮かべているのが印象的だ。写真のキャプションには、「大優勝杯は関門海峡を渡り、博多はホームチームのパイレーツ歓迎にわきたった」と記されていた。

「春の野球祭」優勝で記念撮影におさまるパイレーツナイン

福岡市民はお祭り騒ぎ

「春の野球祭」で優勝した西日本パイレーツの一行は3月7日、福岡に戻ってきた。熱烈な市民の歓迎が待っていた。

「ビルの屋上から舞い散る祝優勝の紙吹雪、出迎えの市民が手を振りながら口々に叫ぶ『よくやったぞ』『御苦労さん』の祝辞にグラウンドの猛者たちも上気したかたちだった」（3月8日西日本新聞朝刊）。

西日本パイレーツ・感激の凱旋

〝郷土の聲援に感謝〟

福博街に歓迎の人波

優勝のあと

氣魄のドリル打線

セ・リーグの魅力倍加

女性の野球教室

あす平和台で多彩の催し

福岡初の「優勝パレード」の模様を伝える3月8日の西日本新聞

優勝トロフィーを先頭に、一行はオープンカーに分乗して、福岡市の目抜き通りをパレードした。オープン戦とはいえ、パイレーツの〝快挙〟を市民はどう受け止めたのだろうか。

1925年生まれの元広告代理店社長、秋武増太郎に話を聞いたのは2018年のことだ。

秋武は終戦から約4年、シベリアに抑留され、福岡に引き揚げてきた。57キロあった体重は20キロも減っていた。「福岡は娯楽も何もない焼け跡だらけの街。だけど西日本パイレーツが誕生して、ぱっと明るくなったような気がした」と秋武は回顧した。

プロ野球が復興の象徴だった時代に、秋武は生き馬の目を抜く広告業界の中を駆け回った。日々の会話に野球の話題が上るようになってきた。その中心は、パ・リーグの西鉄クリッパースより、巨人と同じリーグで対戦するパイレーツだった。「野球祭の優勝で、ひょっとしたら巨人を倒せるのではと少し夢を見ました」と秋武は言った。それは市民共通の思いだったという。

その秋武も2019年、93歳で亡くなった。パイレーツの記憶を語れる人は、あと何人いるのだろうか。

博多駅でパイレーツの凱旋《がいせん》を出迎えた大勢の中に、巨人監督の水原茂と主将千葉茂の姿があった。水原と千葉はパイレーツのナインと握手を交わし、健闘をたたえた。

なぜ福岡に巨人の監督たちがいるのか。10日開幕のセ・リーグ公式戦は平和台球場で行われ、巨人、西日本、松竹、広島が変則ダブルヘッダーで対戦することになっていた。巨人は6日から福岡入りして平和台で仕上げの練習を行っていたのだ。下関球場（山口県下関市）では大洋（まるは）、阪神、中日、国鉄が開幕戦に臨む。

　パイレーツの優勝パレードを伝える3月8日の西日本新聞朝刊は巨人の練習風景も載せている。「川上、千葉、青田らが相変わらず豪快なバッティングを見せ」とある。野球祭はあくまでもオープン戦で、イベントの一つにすぎない。大切な公式戦に向け、着々と準備を進める「盟主」巨人の姿こそ当然なのかもしれない。

　一方、パイレーツは祝賀行事に追われていた。3月7日のパレードに続き、8日午前10時から福岡・東中洲の映画劇場で野球祭優勝報告を兼ねた「結成披露式」が開かれた。三好弥六福岡市長が「優勝旗は大小となく福岡へ持って帰ってくれ」と激励し、選手たちはサインボールをファンに投げ入れた。

　同日午後には平和台球場で「女性のための野球教室」を開いた。幼稚園児から和服姿の高齢女性まで3千人が詰め掛けた。巨人の選手も参加したようだが、パイレー

結成披露式
西日本パイレーツ
パイレーツ囲み……
平和台で女の野球教室

「結成披露式」「女性の野球教室」などに忙殺される開幕前夜

小島利男監督の「打倒巨人」の色紙が悲しい結果に？

ツは監督の小島が野球のルール解説し、選手たちが紅白戦を行って球場は黄色い歓声に包まれた。9日には少年パイレーツ会結成式も地元の小学校で行われた。新生球団ゆえ、ファン獲得に必死なのは分かる。だけど開幕は待ってくれない。

シーズン開幕を前に、野球雑誌などで監督の小島利男の露出が増えてきた。「かく戦う」のテーマで目標や課題を語っているのだ。パイレーツ選手の姿がうかがえるエピソードも散見される。「ベースボールニュース4月1日号」はセ・リーグ監督の特集だった。「打倒巨人」と書いた小島の色紙が紹介されている。松竹と国鉄を除く6球団の指揮官による座談会で、司会者が野球祭で巨人に勝ったことに触れ、「思っていた程（巨人は）大したことはない」かと問われると、「そんなことは思っていない」と否定してみせた。しかし「どうしても巨人との試合には勝ちたいんだ」と本音ものぞかせた。

阪神助監督兼任選手の藤村富美男に「昨年の優勝チームを（野球祭で）倒すということは、

それだけ自信がつくわけですからね」と水を向けられても、「九州では、どうしても巨人と試合を沢山やりたいんです」と返し、巨人監督の水原茂に「開幕二日目にあうじゃないか」と突っ込まれている。

座談会で小島は、選手の日常にも触れている。「朝、プロの連中は栄養を摂らにゃいけないといって、自分でバターを買ってきて、飯の上にのせて常に食べているんです」。戦後5年。食糧事情は改善されてきたのだろうか。

チームは放任主義だったようだ。6球団の座談会で「起床時間などもきちっと決めると、かえって反動があると思い、決めてないんです」と言っている。2月12日の西日本新聞夕刊紙上で行った西鉄クリッパース監督、宮崎要との対談でも「うちでは（合宿の規則は）フリーだ、自覚して節制しろというていどであまりいわんことにしている」と語り、宮崎に「しかし勝つためにはいった方がいいのじゃないか」と指摘されている。

「打倒巨人」の掛け声はいいが、実現できるのかと疑問を持つ人は当時、少なからずいたと思う。

コラム❶

パイレーツ打線のニックネーム考

西日本パイレーツ打線のニックネームについて考えてみたい。1リーグ時代のダイナマイト打線（阪神）、1970年代後半の赤ヘル打線（広島）、球団消滅まで長く親しまれたいてまえ打線（近鉄）などファンに記憶されているものは多い。

1950年4月13日の松竹戦で19安打24点、同30日の広島戦も19安打15点を挙げたパイレーツのチームカラーは、いったん打ち出すと止まらない強力打線だった。

そんな打線に愛称がついたのは、セ・リーグ「春の野球祭」のころだ。今書くのははばかられるが、「原爆打線」とある（1950年3月7日西日本新聞朝刊）。破壊力を強調したのだろうが、広島・長崎への原爆投下からわずか5年だ。亡くなった人、後遺症に悩む人へ思いを致す人はいなかったのか。当時の朝刊もエリアごとに切り替えて発行する地方版があり、同じ日の長崎版にはこの表現はないが、それで済む話ではないと思う。

ちなみにリーグ優勝した松竹は「水爆打線」と呼ばれた。第五福竜丸事件が起きるのが54年のことだ。まだ開発中の「秘密兵器」とはいえ、こちらの呼称もいかがなものか。批判的に考えてしまうのは、70年後に振り返っているからかもしれない。確かに51本塁打の小鶴誠、39本塁打の岩本義行、34本塁打の大岡虎雄のクリーンアップを擁する松竹打線に名前を与えたくなるのは分かるが。パイレーツの「後継球団」西鉄ライオンズも1950年代末の黄金期に、この名称が使われていた。

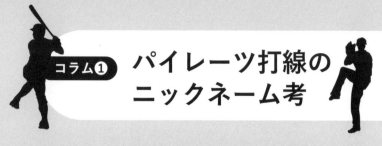

「原爆打線」には反省があったのか、西日本新聞はすぐ「ドリル打線」に変更している（3月8日夕刊）。堅い岩盤（他球団）に穴を開け、ぶち破るイメージだろう。勇ましい愛称だが定着しなかったようだ。

もう一つ、「黒ダイヤ打線」もあった。監督の小島利男が言い出したようだ（「ホームラン5月号」）。黒ダイヤとは石炭のことだ。北部九州には国内の主要採炭地が数多くあった。戦後生産量が右肩上がりで増え、各地の炭鉱は活気に満ちていた。福岡市でも姪浜炭鉱が操業し、採炭の不要物を積み上げたボタ山もあった。ドリルもそう、阪神のダイナマイトもそう、炭鉱のイメージは強力打線と親和性が高かったようだ。黒ダイヤ打線は時代の勢いや熱を感じさせる良い名称だと思うが、こちらも定着しなかった。

今、疑問に思うのだが、なぜストレートに「海賊打線」としなかったのか。土井正博や竹之内雅史、江藤慎一らがいた1975年の太平洋クラブライオンズ、現在の埼玉西武ライオンズの「山賊打線」は定着している。“伝統”を示せたのにと思うと、少し残念だ。

パイレーツ中心選手の（左から）清原初男、森弘太郎、塚本博睦の3人衆

3 INNING

出航

ユニフォームはピンストライプでヤンキースのものに酷似していた（「読売スポーツ5月号」）

セ界は海賊から始まる

「プロ野球あす開幕」

1950年3月9日の西日本新聞朝刊に、そんな横見出しが躍った。以来70年、紙面を飾り続ける8文字だが、これだけ大きく扱われるのは初めてではなかったか。10日、2リーグ制になった新生プロ野球が、まずセ・リーグから第一歩を踏み出すのだ。

記事は最新の戦力分析である。西日本パイレーツは「堂々の黒馬《ダークホース》ぶり」の見出しとともに期待の選手の名を挙げる。

「南村（不可止）、清原（初男）、永利（勇吉）のクリーンアップトリオを中心に（中略）打線は不気味な威力をもち」「セ・リーグ随一の捕手陣、平井（正明）遊撃、田名網（英二）二塁の併殺陣で固めた内野」「ハツラツとした外野とともに既成球団に劣らない」とまとめている。

投手陣は緒方俊明、重松通雄、森弘太郎が中心となるが、総合的に不安が残るとする。だが「小島（利男）監督の性格からにじみ出た気品に満ち、しかも団結によってつちかわれた豪快無比のプレーは『日本のヤンキース』にふさわしい清新さにあふれている」と書くが、身びいきは明らかで過分な高評価だろう。ただ「春の野球祭」優勝の強烈なインパクトが、それを許していた。

セ・リーグの開幕カードは平和台球場でパイレーツ対広島、巨人対松竹、下関球場（山口県下関市）で大洋対国鉄、中日対阪神が組まれていた。

パイレーツが対戦する広島も新生球団だ。9日朝刊の記事では「異色のチーム」の見出しで、若手の成長はあるものの投手陣が脆弱《ぜいじゃく》すぎると評している。広島商業を皮切りに、戦前の西鉄などで長年監督業を続けた石本秀一の指導力にもっとも期待が集まるが、最下位候補の一つでもあった。

初代4番打者として活躍したベテランの清原初男

1950年3月10日午後1時すぎ、福岡市の平和台球場でセ・リーグの開幕戦西日本パイレーツ対広島カープにプレイボールがかかった。福岡城址にある球場の周辺の桜の木々は開花前だったが、この日の福岡の気温は13・7度。「春がすみたなびくうららかな野球日和」（3月11日西日本新聞朝刊）だった。球場には待ちわびた多くのファンが詰めかけた。弁当を広げたり、双眼鏡で選手の動きを追ったり、球春を楽しんでいた。

1回表、パイレーツ先発の緒方俊明は、広島の1番田中成豪に第1球を投じた。ボールとなったものの、これが70年の年月を重ねるセ・リーグの1投目だった。セ・リーグの歴史は平和台球場で、パイレーツの緒方から始まったのだ。

この回、緒方は広島2番岩本章にセ・リーグ初ヒットを許したが、3番白石勝巳から3球三振を奪うなど、ゼロに抑えた。これがセ・リーグ初奪三振だった。しかしその後、直球を狙《ねら》われ、4回までに7安打を集中され4点を失う。スタンドが不安に包まれた。

4回裏、パイレーツは反撃を開始した。3番南村、4番清原の連続二塁打などで広島先発の内藤幸三から3点を奪った。だがその後は、いい当たりが野手の正面を突き追加点が奪えない。7回表、広島は3番白石勝巳、4番辻井弘の連打で2点差に広げた。パイレーツもその裏、緒方の二塁打を足がかりに1点を返した。

4－5の8回裏、パイレーツは代わった武智修を攻め2点を奪って逆転した。カープの一塁手辻井弘が送球を後逸したり、本塁アウトのタイミングで捕手の山崎明男が落球したりと、パイレーツにとっては「もらいもの」の得点だった。結局、緒方が12安打されながらも9回を投げ切り、パイレーツは6－5で初戦を白星で飾った。

	1	2	3	4	5	6	7	8	9	計
広島	0	1	2	1	0	0	1	0	0	5
西日本	0	0	0	3	0	0	1	2	X	6

（広）内藤、武智—山崎　（西）緒方—日比野

福岡に進駐していた米軍福岡民生部のハワード・ストラップ伍長がこの試合を観戦している。ストラップは元シンシナティ・レッズの左腕投手でベーブ・ルースやルー・ゲーリックとの対戦経験がある。自身の野球熱が騒いでの観戦だったのだろう。ストラップは感想を聞かれると、「緒方はコントロールがよかったが、四、五回までは投球以外の無駄な動きが多く力を浪費していた」「永利勇吉の打球の大きさに驚き、日比野の試合上手に感心した」「パイレーツはチームワークの取れたよいチームだ」などと答えている。

一方、「ベースボールニュース4月1日号」はこの試合を「双方とも投手の球に力がなく、大切なところでエラーが出たため（中略）経過の割に凡試合」と評した。こちらのほうがお世辞抜きの試合評だろう。だけど熱しやすい福岡のファンが試合内容は忘れて、勝利に酔ったのは想像に難くない。

パイレーツの2戦目は、監督の小島利男が待望していた巨人との1戦だった。だが手もなくひねられて3－9で完敗した。先発の藪田政則が巨人打線につかまり、3番手の林茂が青田昇に平和台の公式戦初本塁打となる3ランを浴びた。打線も巨人の別所毅彦を攻めきれず完投を許した。この日の福岡の最高気温は9・5度で前日より4度以上低い。小雪も舞った。スタンドには毛布を頭からかぶったファンの姿も散見される。心身ともに冷え込んで平和台を後にしただろう。

続く熊本での1戦も、盟主・巨人の実力を思い知らされた。熊本は「打撃の神様」巨人・川上哲治の出身地だ。戦前は首位打者2回、本塁打王1回、打点王2回を獲得し、戦後もトレードマークの赤バットで、青バットの大下弘とともに人気を二分した不世出の打者である。そんな川上の〝帰

月/日	対戦相手	勝敗	得点	球場	責任投手
3/11	巨人	●	3−9	平和台	藪田
14	巨人	●	3−10	熊本	森
15	巨人	○	6−3	桃園	重松
17	巨人	●	2−3	甲子園	下尾
19	大洋	●	5−6	甲子園	緒方
21	国鉄	○	11−1	後楽園	重松
22	中日	●	0−3	桐生	野本
23	巨人	●	4−5	宇都宮	重松
25	松竹	●	10−12	衣笠	重松

郷〟に熊本は沸き立ったようだ。

「野球界5月号」で野球評論家、大和球士が熊本のファンの熱狂ぶりを伝えている。「宿舎前にはサインを求める少年群がひしめいている」。川上は前夜書いた100枚のサインを旅館の人に託したという。川上が愛された理由がよく分かる。

この試合はパイレーツの主催ゲームだった。だけど雰囲気はアウェーのようだったろう。とにかく川上の独壇場だった。初回、春の野球祭で苦し

打撃の神様と称された「赤バット」で大人気の巨人・川上哲治一塁手

月/日	対戦相手	勝敗	得点	球場	責任投手
3/26	大洋	○	8－5	衣笠	緒方
28	中日	●	4－5	豊橋	森
29	中日	●	1－7	一宮	森
4/ 2	広島	○	10－1	中日	緒方
4	松竹	●	7－8	平和台	野本
8	阪神	○	5－4	後楽園	緒方
9	国鉄	●	13－4	後楽園	森
11	松竹	●	1－3	福井	野本
12	松竹	●	10－13	金沢	緒方

められたパイレーツ先発の森弘太郎から中越え2点本塁打を放ったのを皮切りに、5打数5安打3本塁打の大爆発を見せた。スタンドのファンも歓喜した。パイレーツは「いやという程その物凄《ものすご》さをみせつけられた」(「ベースボールニュース4月1日号」)。パイレーツも日比野武、南村、関口清治に本塁打が出たが、川上の猛打の前ではかすんだ。

翌日、桃園球場(現北九州市八幡東区)に舞台を移した1戦で、パイレーツは重松通雄―緒方俊明の投手リレーで巨人打線を抑え、6対3で一矢報いた。だがその後、巨人戦では丸3カ月勝てなかった。巨人は春の野球祭で対戦したときとは別チームのように強かった。

惜敗続きも負けは負け

3歩進んで2歩下がる、というよりも1歩進んで2歩下がる。西日本パイレーツのシーズン序盤の戦いぶりは、そんな感じだった。

とはいえ、惨敗よりも惜敗が多かったのは確かだ。

3月28日の中日戦(豊橋)は、降雨により最悪のグラウンドコンディションの中で行われた。

パイレーツ野本喜一郎、中日清水秀雄の先発で始まり、点を取り合って3―3で中盤へ。6回表、パイレーツの永利勇吉が中日2番手の杉下茂から勝ち越し本塁打を放ってリードした。その裏の一死満塁のピンチもリリーフした森弘太郎が2番原田徳光を中飛、3番西沢道夫を三振に切ってしのいだ。だが7回に国枝利通の三塁打で同点にされると、最終回は一死満塁から国枝のショートゴロを平井が本塁に悪送球して、サヨナラ負けとなった。三塁手清原初男のファインプレーが出た直後だっただけに、悔しい1敗だった。この試合で平井は3失策、中日のショート杉浦清も3失策と野手泣かせのグラウンド状態ではあったが。

4月4日の松竹戦は、開幕以来の平和台での1戦となった。追いつ追われつのシーソーゲームは4－5で9回表へ。松竹は小鶴誠の三塁打で2点を追加し勝利に近づいた。その裏、パイレーツは一死満塁の好機に、永利の走者一掃の三塁打が出て同点に追いついた。しかし後続の関口が三邪飛、

月/日	対戦相手	勝敗	得点	球場	責任投手
4/13	松竹	○	24−8	富山	野本
15	国鉄	○	6−3	中日	緒方
16	中日	●	6−7	鳴海	野本
19	阪神	●	5−9	広島	重松
21	中日	●	1−12	祐徳	林
22	広島	○	3−2	飯塚	緒方
23	広島	○	13−4	宇部	重松
26	松竹	●	4−5	甲子園	下尾
27	広島	●	4−5	甲子園	緒方

小西得郎率いるロビンスにどうしても勝てない

野本も右飛に倒れて、サヨナラ機を逸し延長戦へ。

10回表、二死から松竹の金山次郎の飛球がライトに飛んだ。スタンドのファンはチェンジと思ったが、右翼手が目測を誤りヒットにした上、後逸し、俊足金山は一気にホームを陥れた。その裏、パイレーツは同点のチャンスにこの日2安打している塚本の打席を迎えたが、二塁走者の小島が何を考えたか三盗を試みて失敗し、ゲームセットとなった。プレーヤーとしての小島は「空気を読めない」ところがあったようだ。それは後述する完全試合のときにも顔を出す。

「善戦するが勝てない」とは「ベースボールニュース5月1日号」の評だ。「ディフェンスが弱い」の一語に尽きるだろう。惨敗でも惜敗でも1敗は1敗だが、ファンにとってはストレスのたまる負けが続いていた。

パイレーツの苦手球団の筆頭は松竹だった。開幕から4戦して4敗していた。とはいえ圧倒されるわけではなく、4月4日の試合のように接戦をものにできないケースが多かった。この年、松竹は巨大戦力でセ・リーグの初代覇者となるが、パイレーツはシーズン当初、見せ場はつくっていたのだ。

ようやく1勝したのが、4月13日、富山市の富山神通球場であった5回戦だった。パイレーツは関口の本塁打で先制したが、岩本義行に3ランを浴び5回終わって4－5でリードを許した。しかし6回、2番手の井筒研一に4安打を集中し5点、7回には打者12人を繰り出して8点、9回にも7点を奪い、終わってみれば24－8で大勝した。松竹の投手陣が11四球を出したこともあるが、南村が3安打5打点、田部が4安打3打点と気を吐いた。松竹戦初勝利は、パイレーツ史上（1年だけだが）最多得点となった。

西日本	0	1	3	0	0	5	8	0	7	24
松竹	0	0	0	2	3	0	0	0	3	8

（西）林、野本―永利、日比野（松）小林、井筒、島本―荒川

松竹をしのぐ苦手球団が中日だった。5月13日に初勝利を挙げるまで、パイレーツは6連敗した。中でも4月21日に祐徳国際グラウンド（佐賀県鹿島市）であった5回戦は、中日の強さだけが目立った。

祐徳稲荷神社外苑にあった同球場は1935年の完成で、初のプロ野球は1949年12

月にあった巨人―阪神のオープン戦だった。川上哲治が3安打するなど、15―5で巨人が勝った。公式戦の開催としては、パイレーツ―中日戦が初だった。

パイレーツは、中日側の「初」に苦しめられた。先発の林茂は野口明のソロ本塁打1本でしのぎ、5回を終えてスコアは0―1だった。だが6回表、林は無死満塁のピンチから2点を失い、マウンドを野本喜一郎に譲る。野本はいきなり2四球を与え押し出しで1点を追加されると、中日投手の杉下茂が右翼席に満塁本塁打を放ち試合を決定付けた。セ・リーグの投手の満塁弾はこれが初、しかも杉下の本塁打はこれが初、初本塁打が満塁弾もレアケースだ。次に中日の日本人選手がプロ初アーチを満塁弾で飾るのは、2021年の根尾昂まで待たなければならなかった。パイレーツは杉下

月/日	対戦相手	勝敗	得点	球場	責任投手
4/28	阪神	●	2−4	甲子園	重松
29	広島	○	9−1	甲子園	野本
30	広島	○	15−4	甲子園	緒方
5/ 2	中日	●	3−5	多治見	緒方
6	大洋	●	1−8	後楽園	林
7	阪神	△	1−1	国府台	
9	広島	○	4−2	甲子園	重松
11	広島	○	12−0	甲子園	野本
13	中日	○	9−6	中日	緒方

に完投を許し1－12で敗れた。前年の巨人－阪神のオープン戦は雨中でも満員だったが、今回は観客わずか千人だった。

翌22日の飯塚球場（福岡県飯塚市）での広島戦は、3－2でサヨナラ勝ちした。試合では三井鉱山からホームラン賞が、麻生鉱業から果物が贈られ、嘉穂中出身の永利や昭嘉炭鉱野球部出身の藪田の関係者が大挙して応援に駆けつけた。パイレーツは地元球団だと思わせるエピソードだ。

下位候補同士で好試合

開幕から30試合あまりを消化して、西日本パイレーツの傾向が見えてきた。一口で言えば、「新生球団には強い」。4月末時点で広島に6勝1敗、国鉄に3勝0敗、大洋は1勝1敗。松竹、中日、巨人の既成球団相手に貯金を吐き出しているが、トータル13勝18敗で8球団中6位はまずまずの健闘といえるだろう。

ことに広島とは好相性だった。4月29日の甲子園での1戦は、日比野の一発や南村の三塁打などで4回までに8点リードした。先発野本はカーブがさえ、完投勝利を収めた。翌30日は、27日にプロ初勝利を献上した広島期待の新人長谷川良平を返り討ちにした。3－2の3回裏、塚本の三塁打を皮切りに安打を連ね日比野、永利の本塁打で5点を奪い勝利を引き寄せた。以降、南村、田部にも一発が出て、3回から登板のエース緒方が広島の反撃を抑えた。「広島は、かくて西日本にとって勝星稼ぎの絶好のカモとなった」(『ベースボールニュース5月15日号』)。

創設期の広島ほど、悲しいエピソードに事欠かない球団はないだろう。被爆地・広島の希望となるべく2リーグ制導入とともに誕生したが、核となる親会社がないため当初から資金難がうわさされた。選手集めもままならず、戦前の広島商監督時代から人脈を築いてきた石本秀一の「顔」だけが頼りだった。

何とかチームの体裁は整えたものの、全国区の選手は巨人から移籍してきたベテラン白石勝巳くらい。石本が金策に駆け回るためキャンプがろくにできず、合宿代が払えなくなり宿舎を追い出さ

月/日	対戦相手	勝敗	得点	球場	責任投手
5/14	広島	●	2−8	鳴海	重松
16	巨人	●	6−7	後楽園	緒方
17	広島	●	0−5	後楽園	野本
18	巨人	●	3−4	後楽園	下尾
21	国鉄	○	8−3	後楽園	森
23	中日	●	2−4	岐阜	野本
24	中日	●	3−8	豊橋	林
25	中日	●	3−15	浜松	重松
28	広島	●	5−9	甲子園	緒方

カープ初代監督の石本秀一はのちにライオンズのコーチも務めた

れたエピソードもある。開幕前に最下位を予想する人は、パイレーツより多かった。

広島は4月末時点で7勝25敗の7位。給料の遅配もうわさされていたようだ。そんな悲惨な状況だった広島が70年以上存続し、パイレーツが1年で球史から消えると予想した人は誰もいなかっただろう。

引き抜きの禍根残して

5月半ばになると息切れしてきたのか、西日本パイレーツが白星から見放されてきた。「カモ」だった広島相手に3連敗してしまう。3試合とも新人投手の長谷川良平に抑え込まれた。4月17日の後楽園での1戦は、散発3安打で完封負けした。長谷川にとっては初の完封勝利だった。プロ初勝利もパイレーツから挙げており（4月27日）、「パイレーツキラー」の称号を与えてしまった。

巨人にも歯が立たない。後楽園での2戦はともに安打数で上回りながら、1点差負けとなった。試合巧者ぶりを見せつけられた形だ。5月25日の浜松での中日戦も、先発重松通

カープの新人・長谷川良平投手に初完封を献上「パイレーツキラー」

雄と2番手稲葉郁三が1イニングに9連打、11点を許す草野球並みの試合となってしまった。唯一勝ったのは5月21日の国鉄戦（後楽園）のみで、相手の5失策に助けられ8－3で白星を手にした。仮にこの試合を落としていたら10連敗するところだった。

連敗が続く中、気を吐くのは1番遊撃手が定位置の平井だった。20試合連続安打をマークし、5月に入っても14、16日に連続ホームランを放って好調をキープしていた。5月30日時点で率3割3分はチームトップで、失策が多いことを除けばリーグを代表するリードオフマンと呼んでも差し支えないだろう。

そんな平井だが、開幕前はパイレーツの一員になれるのか不安視されていた。前球団の阪急が「平井とパイレーツの契約は認められない」と訴えていたのだ。厳密にいうと、5月時点では「仮登録選手」だった。

現在、プロ野球選手は日本プロ野球協約に基づき統一契約書にサインして球団との契約を結んでいる。しかし1950年に統一契約書は存在せず、両者の契約に関する厳格なルールもなかった。2リーグ分裂で球団数が増えたため球団間で選手の引き抜きが横行し、球界は大混乱していた。一番割を食ったのは阪神だっただろう。新生球団の毎日に別当薫、土井垣武、呉昌征ら主力選手をごそっと引き抜かれた。いったんは毎日主導のパ・リーグへの加盟をほのめかしたものの、巨人と同一リーグへ走った阪神が意趣返しされたといわれる。大映の小鶴誠、大岡虎夫、金山次郎ら中心打者も松竹へ移った。大映の経営に携わっていた赤嶺昌志がセ・リーグ総務になったのを機に、息のかかった選手たちを同一リーグに呼び寄せたのだ。仁義なき引き抜き合戦は混迷を極めた。

追いかける浜崎追っかけられる平井のイラスト（ベースボールニュース4月1日号）

　1949年に阪急にいた平井は、パイレーツのスカウト、宇高勲の強い勧めで契約を交わした。永利勇吉、日比野武も行動をともにした。しかし阪急監督の浜崎真二はこれを認めない。GHQが、野放しになった選手争奪を抑止し正しい契約を結ばせよと緊急声明を出したこともあり、浜崎は平井を取り戻そうと執拗《しつよう》に追い回した。パ・リーグの前夜祭に無理やり登壇させたり、「春の野球祭」前日に宿舎に乗り込んできたりした。両リーグで話し合いが持たれ、移籍の一部が白紙に戻ったり、金銭による解決がなされたりしたが、パからセに移った8選手の問題は未解決のまま。この中に平井も含まれていた。

ペナントレース開幕が迫る3月8日、両リーグの会長は8選手の出場見合わせを勧告した。GHQの声明には重みがあった。だが9日、パイレーツなどセの4球団は「全国幾百万のファンに自信のあるチームをもって試合をするのが球団としての義務であるから8選手は出場させる」と勧告を拒絶した。平井ら8選手も「われわれはパ・リーグから所属移籍の指図を受けることはない。セ・リーグの美点に共鳴して投じたものであるから、あくまでセ・リーグの人柱になるつもりだ。いかに迫害されても信ずる道を進む」とのコメントを発表した。リーグ側の勧告には強制力はなく、結局8選手は翌10日からの公式戦に出場した。その後も「仮登録選手」として試合に出続けた。平井の活躍ぶりを見ると阪急の固執ぶりも理解できるのだが、パイレーツも切り込み隊長を容易には手放せない。平井らから「仮登録」が取れるのは、7月まで待たなければならなかった。

長崎の空に描く本塁打

5月30日から6月4日まで、西日本パイレーツは九州で大洋との5連戦に臨んだ。なぜ同一カードが続いたのか。同時期に巨人、阪神、中日、松竹の既成4球団は後楽園に集まり、交互に試合を行っていたからだ。この頃にはチーム力の差が露呈し、新生球団との対戦は面白みに欠ける上、観客が呼べないと既成4球団から忌避される傾向があった。パイレーツと大洋は試合ができたからよかったが、広島は9日、国鉄に至っては17日も試合間隔が開いてしまった。

6月1日は長崎市の長崎商業グラウンドが舞台だった。5年前、長崎は被爆し壊滅的被害を受けた。市内では戦前、三菱重工が所有する球場で社会人などの試合が行われたが、爆心地近くにあって壊滅したため復旧にはほど遠かった。唯一、プロ野球を開催できるのは高校のグラウンドだけだった。しかし、そこは長崎の人たちの「フィールド・オブ・ドリームス」だった。

日本野球機構（NPB）ウェブサイトに掲載された公式記録員の山本勉によるコラム「球跡巡り」

月/日	対戦相手	勝敗	得点	球場	責任投手
5/30	大洋	●	2−3	桃園	森
6/ 1	大洋	○	15−4	長崎商業	野本
2	大洋	●	3−8	佐世保	久喜
3	大洋	●	6−12	佐賀	下尾
4	大洋	○	12−5	平和台	林
15	巨人	○	7−3	後楽園	下尾
20	巨人	●	2−5	一関	野本
22	広島	○	5−1	函館	緒方
24	松竹	●	0−5	小樽	下尾

にこんな記述がある。長崎県高野連が「青少年に野球で希望を与えよう」と1948年春の九州大会を誘致した。長崎商の生徒、職員がグラウンドを整地して球場にした。内野スタンドは土を盛り固め、外野フェンスは木の板を並べた。バックネットは戦時中に米軍の潜水艦の侵入を防ぐため長崎港に張っていた金網を再利用したという。

〝夢の球場〟でのパイレーツ―大洋戦は、長崎県で初のプロ野球の公式戦となった。スタンドには5千人が詰めかけ、超満員の中でプレイボールがかかった。パイレーツは初回に南村、田部の連続適時打で2点を先制すると、4回に関口の本塁打も出て4対0とリードを広げた。しかし大洋は門前眞佐人と平山菊二が2ランを放ち同点に追いついた。直後の7回、パイレーツの清原が満塁弾をレフトスタンドに放って勝負あり。

飛び交った5本塁打の競演に、プロ野球を待ちわびた観客は酔いしれたはずだ。見上げた空には5年前まで米軍機が飛んでいた。だけど今は、白球が大きな弧を描く。

「ホームラン9月号」には読者投稿欄があり、この試合を観戦した長崎市の本田一郎なる人の一文が載っている。「塚本の二塁への猛烈なるヘッドスライディング、永利の一撃を見事ダイビング・キャッチした長持（栄吉）の大喝采を浴びたファインプレー」は見事で、「レフトフライを平山が塀際で好捕したが、もう一呎も飛んでいたら得意の塀際の魔術が見物出来たと思うと残念だ」と感想を記した。

強かろうと弱かろうとプロ野球はプロ野球。巨人や阪神の人気球団である必要はない。野球を楽しむことが、平和を実感することではなかったか。観客の多くが、きっと悲しい記憶を持ったままだっただろう。

早くも平和台で最終戦

6月4日の大洋戦は平和台球場で開催された。2カ月ぶりの「本拠地開催」だ。ちょうど開幕から50試合目だったが、これがパイレーツの平和台での最終戦となった。

公式戦の主催試合の半数以上を、本拠地球場で行うことを義務付けたプロ野球地域保護権（地域フランチャイズ）が制定されたのが1952年。その2年前だからパイレーツにとって本拠地の平和台で、必ず主催試合を行う必要はなかった。というより、主催試合を興行できる体制ができていなかったのが正直なところだろう。

球団は1シーズンにわたるプロ野球興行のノウハウを持っていなかった。西日本新聞は平和台のこけら落としとして1949年12月に巨人対阪神のオープン戦を主催し、スタンドを超満員にして大いにうるおった。関係者は、パイレーツの試合で「夢よもう一度」と願ったはずだ。しかしペナントレースは1試合限りではないし、人気球団とだけマッチングできるわけでない。まずは福岡に来てもらわなければならないが、東京からの移動は列車に揺られ丸1日かかる。航空機も新幹線もなかった時代である。下関の大洋以外の球団は「福岡は遠い」と思っただろう。そんな中で他球団のスケジュールを考慮しながら、福岡で何試合も行う日程を編成することは難しかった。

移動に加え、球場の使用料の問題も頭が痛かった。

平和台は福岡市営の球場だった。当然、使用料が発生する。平和台球場使用条例（1950年4月1日施行）によると、職業野球は1日1万円。同年の大卒初任給（公務員）が4200円だから、ざっと計算して現在の50万円程度か。これに加えて入場料収入から1万円を引いた金額の10%も支払わなければならない。仮に入場料が

照明灯ができる前の平和台球場。公式戦はたったの4試合しかなかった

100円で、2000人が来場した場合、収入20万円のうち15％近い2万9000円を使用料として持っていかれることになる。公営球場の中では高めの料金設定だったようだ。これとは別に税金もある。自前球場を持たない悲しさで、試合のたびに球場使用料が重くのしかかっていた。同年9月6日の西日本新聞朝刊には、「高いので有名」で「両リーグからけむたがられていた」平和台球場の使用料が値下げされるとのニュースが載っている。上限1万6000円にするというが、平和台での試合開催のメリットが少ないことに変わりなかった。

主にこの二つの理由で、パイレーツは興行のほとんどを連盟にゆだねた。そのため福岡での試合は減り、ほかの球団が集まりやすい後楽園や、縁もゆかりもない土地での試合が増えた。開幕前に

月/日	対戦相手	勝敗	特典	球場	責任投手
6/26	広島	○	20−6	札幌	緒方
28	巨人	●	0−4	青森	重松
29	松竹	●	4−11	青森	林
7/ 1	広島	○	2−1	宮城	緒方
2	広島	●	3−6	山形	野本
8	巨人	●	1−5	甲子園	重松
9	広島	○	6−3	甲子園	緒方
11	広島	○	4−1	後楽園	野本
13	松竹	○	5−3	後楽園	緒方

西日本新聞は平和台で25試合程度観戦できることを条件に後援会の会員を募ったが、実際に開催できたのは4試合だけだった。福岡県内でも最終的に桃園2試合、飯塚市営1試合だけ。後援会に入った人は後悔したはずだ。

「平和台最終戦」の主催は大洋だった。先攻のパイレーツは初回、田部の3ランで主導権を握ると、野本―森の投手リレーで大洋打線を抑え、計16安打12点得点で大勝した。観衆は3500人。歓喜し次戦へ期待をふくらませただろうが、もう二度と平和台でパイレーツの公式戦が見られないと、果たして何人が想像しただろうか。ペナントレースはまだ80試合以上残っているのに。「さよなら」さえ言えなかった。

西日本	3	0	1	0	4	0	0	1	3	12
大洋	0	2	0	0	0	0	0	2	1	5

（西）野本、森―日比野　（大）岩本、片山、荻原―門前

コラム❷

福岡のパイレーツ観

パイレーツ、と聞いて何を連想するだろうか。野球ファンなら米大リーグ、ピッツバーグ・パイレーツだろうか。海の向こうのパイレーツは130年続く老舗球団である。ワールドチャンピオン5度、リーグ優勝9度と輝かしい実績は、西日本パイレーツとは比べようもない。日本の独立リーグ、四国アイランドリーグplusに愛媛マンダリンパイレーツがあるが、完全試合を食らうことなく末永く続いてほしいものだ。

周辺の人に尋ねると、一番多かったのが映画「パイレーツ・オブ・カリビアン」との回答。ここ何年か新作にはお目にかかっていないが、ジョニー・デップの威光はまだ衰えていない。東京ディズニーランドのライド（カリブの海賊）も人気だし。ちなみに映画の一作目のサブタイトルは「呪われた海賊たち」。本書のサブタイトルに似合いそうで、少し悲しい。

さすがに「だっちゅーの」（漫才コンビ、パイレーツのギャグ）は忘れられてしまった印象が強いが、西日本パイレーツほどではない。個人的には、作家川西蘭の小説『パイレーツによろしく』が浮かぶが、海賊放送を描いたことくらいしか覚えていない。しかも現在、品切れ中だ。

1966年生まれの筆者の小学校時代、福岡で西日本パイレーツは決して忘れられていなかった。77年に週刊少年ジャンプで江口寿史の「すすめ!!　パイレーツ」の連載が始まり、子どもたちは笑いに笑ったが、一緒に草野球をやってる友達と「千葉パイレーツって、西日本パイレーツから取ったのかな？」と会話したことを記憶している。ネタ元は違うようだが、まだメインキャストの富士一平が活躍する前のことだった。今思うと、どちらのパイレーツも経営難を抱えていることは共通していた。ともあれ、西日本パイレーツの存在は、ライオンズの前身球団として福岡の野球少年の一部には認識されていたと思う。

情報は、少年雑誌で拾ったのではなかったか。現在のチーム（当時は福岡野球のライオンズ）の歴史を紹介する欄があったようだ。野球関係の単行本は、ほとんどが巨人中心（しかもON）で、ライオンズの言及は少なかった。福岡の野球少年は地元球団に胸を張れず、遠足で撮ったクラス写真に写った野球帽の多くがYGマークだった。

雑誌に加えて、平和台球場のスタンドでも大人たちがパイレーツのことを教えてくれた。ファンクラブに入会していれば外野席は無料だったので、自転車を連ねて子どもだけでよく行った。ごたぶんにもれず、ガラガラのスタンドでキャッチボールをしていると、見に来ていた小父さんたちによく声を掛けられた。「どの選手が好きや？」に始まる会話は、やがて小父さんの独白に変わり、三原稲尾豊田中西の黄金期の回想となり、ロッテの金田正一監督の批判となった。その中で「昔、西日本新聞がパイレーツという球団ば持っとったのを知っとうや」という話も出てきた。別の日に、別の小父さんからも同じ話を聞いた。選手名鑑を売っていた大学生の兄ちゃんも、クリッパースとの合併の話をしていた。平和台のスタンドは、役に立たないけれどためになる小さな学校だった。

思えば、当時は西鉄ライオンズの誕生から四半世紀ほどたった時期だ。パイレーツをリアル観戦した人は、まだ福岡に少なからず残っていたのだろう。だけど、あれから40年たった今、筆者が勤務する西日本新聞社でパイレーツのことを知っている者はごく少数だ。「うちって球団持ってたんスか」。後輩の言葉から方言がスポイルされている。先輩記者に特ダネの抜き合いで「読売には絶対負けんな」と言われたのは、パイレーツをめぐる遺恨の続きだと（勝手に）考えていた。そんな平成が始まったばかりの入社当時が懐かしいし、恥ずかしい。取材で、西鉄の若い人と会ったとき「西鉄ライオンズって、入社するまで知りませんでした」という話を聞いたこともあった。別に知らないのが悪いと言っているのではない。そんな時代になったんだなと、一人感慨にふけっている。

4 INNING

汚点

（3）　9版　昭和25年6月29日

セントラル・リーグ

藤本（巨人）完全試合《パーフェクト・ゲーム》

対西日本　空前の大記録

プロ球史初の金字塔

アメリカでも六人だけが保持

さすがに読売新聞の記事の扱いは大きい（1950年6月29日付）

完全試合の原因は何？

西日本パイレーツ史上（わずか1年だが）の最大の汚点を書かなければならない。1950年6月28日、パイレーツが青森市営球場で巨人先発の藤本英雄に完全試合をくらった日のことだ。1本のヒットどころか1人の走者も出せず、「日本初の快挙」を許した試合だ。「ただの1敗」と割り切ってパイレーツが戦った136試合の中に埋没させてしまうことはできる。だけど1年だけの球団がプロ野球史から完全に忘れ去られていないのは、この試合があったからだ。詳述することは避けて通れない。

ただ、完全試合の記録は「勝者」の立場、巨人（藤本）の側から書いたものばかりだ。パイレーツにとっては「快挙」でも「偉業」でもない。6月28日のことを今、書くからには、「敗者」の視点で検証してみたい。なぜ、パイレーツは完全試合をくらってしまったのか。

理由の1番手に浮かぶのは、「疲れていたから」。

パイレーツは巨人、松竹、広島とともに6月20日から東北、北海道遠征に出ていた。20日一関（岩手）、22日函館、24日小樽、26日札幌と転戦し、再び津軽海峡を越えて青森へ入った。「ベースボールニュース7月15日号」のレポートは「札幌から夜行で直行して、試合の朝青森着という強行スケジュールに、選手の疲労気味はかくしようもない」と書く。

強行軍になったのは、札幌の試合が雨で1日延びたためだ。しかも完全試合の前日、27日も巨人との試合が予定されていた。変則ダブルヘッダーの第1試合、松竹―広島は行われたが、第2試合のパイレーツ―巨人はグラウンドコンディション不良で中止となった。順当にいけば藤本の登板が予想された。さしもの藤本も荒れたグラウンドで完全試合は難しかったと思われる。加えてこんなエピソードが残る。「ベースボールニュース8月1日号」に、4球団の東北・北海道遠征に同行した記者による「試合道中記」が載っている。それによると試合中止がアナウンスされた後、パイレーツの選手はグラウンドに出て練習を始めたという。「試合中止なのに練習とは何事」と観客が怒るのは当然のことだ。主催者も怒った。記者は「西日本の連中みんなあたまがどうかしている」と書

この年26勝（リーグ3位）、防御率2.44（同2位）の好成績を挙げた藤本英雄

く。パイレーツナインは、泥んこのグラウンドで練習した上、そんな批判にさらされたのでは疲れが増したに違いない。

疲れる要因はほかにもあった。26日の札幌での広島戦は日比野と田部の2本をはじめ計7本塁打、20安打20点で大勝した。1番打者、先頭の平井は7打席も回ってきている（1本塁打含む4安打）。きっとパイレーツナインは「打ち疲れ」したのだろう。大量得点で勝った次の試合は、得てして打者が大振りしフォームを乱してしまうものだ。

気になる記述が山室寛之著『プロ野球復興史』（中公新書）にあった。「西日本は、六月ごろから給与の遅配が始まった」というのだ。

球団経営の危機は開幕当初から広島でささやかれていたが、パイレーツも同様だった。観客は伸び悩み、球場使用料から遠征費までランニングコストは予想以上に掛かる。経営側は平和台を超満員にした1949年12月の主催試合、巨人─阪神戦の再現を望んだが、パイレーツは人気も実力も及ばない。博多っ子の熱しやすく冷めやすい性格は「飽きやすの好きやす」と呼ばれる。「野球界8月号」には、西鉄との合併に向け県知事が橋渡ししている、といううわさが新聞記者の話として出ている。

このタイミングで給料の遅配があったとすれば、選手たちは動揺したはずだ。明日の生活を考えると、今日の野球どころではないだろう。給料の遅配が完全試合を食らった遠因だったとしても、誰も驚かない。

同時に6月の変則日程も影響したのではないか。6月前半は、既成4球団の巨人、阪神、中日、松竹が総当たりするカードが組まれたため、パイレーツは6月5日から14日まで試合がなかった。15日に後楽園で巨人と戦った後も、4日間試合はなし。コンディションづくりに四苦八苦する中、東北・北海道遠征で体を試合に馴らすのは大変だったのだろう。

さらにもう一つ、重く大きな問題が噴き出していた。朝鮮戦争の勃発《ぼっぱつ》である。完全試合のあった3日前、北朝鮮が韓国との国境だった北緯38度線を越えて侵攻した。まさに完全試合のその日、北朝鮮軍は韓国の首都ソウルを陥落させ、紛争の火の手は日に日に広がっていた。6月29日の西日本新聞朝刊1面には「南朝・台湾へ米海空軍出動」「北鮮軍陣地を爆撃／ロケット弾など使用」「京城・完全占領さる」など禍々しい見出しが躍り、戦争が次のステージに拡大していることを伝える。

もちろん国家的大ショックをプロ野球のショックと同列に考えるつもりはない。ただプロ野球選手のほとんどが先の大戦を経験していた。戦争の勃発と聞き、野球ができる喜びがいつまで続くか不安視していた選手は少なくなかっただろう。再びの徴兵や核兵器の使用といった悪夢におびえるのは、プロ野球関係者であろうとなかろうと変わらない。半島の戦争で国内産業が急伸したいわゆる朝鮮特需で、日本経済は戦後不況を脱したと教科書に書かれるのは、ずっと先の「結果」。開戦数日で、日本国民にはネガティブな未来しか見えなかっただろう。加えてパイレーツが本拠地とする福岡は、朝鮮半島にもっとも近い大都市だ。実際、対岸の釜山では8月に激しい戦闘が繰り広げられた。危機感はどのチームにも増して強かったはずだ。

完全試合は防げたか？

試合は午後4時14分、球審の国友正二が右手を挙げプレイボールを宣した。

作家、北原遼三郎のノンフィクション『完全試合』（東京書籍）によると、藤本が先発を命じられたのは試合当日の午前中、登板予定の多田文久三《ふくぞう》が体調不良を訴えたためだった。前夜、藤本は青函連絡船の中で雀卓を囲み大いに負けた。寝不足もあって最悪の体調だった。試合前のブルペンでもストライクが入らず、体の切れもなかったという。

だが藤本は試合開始から1時間15分後、史上初の完全試合を達成して歓喜のマウンドにいた。パイレーツの27人の打者に対し、投球数92、外野飛球6、内野飛球3、内野ゴロ11、三振7。1人の走者も許すことはなかった。

パイレーツにも記録阻止のチャンスはあった。初回、先頭の平井正明は落ち着いてボールを選び3－0に。しかし藤本も慎重にストライクを投げ、最後はフルカウントから外のスライダーで三振を奪った。初回は2番塚本博睦、3番永利勇吉がいい当たりを続けたが、いずれも外野手の正面に飛んでしまった。

次に惜しかったのが6回表、投手の重松通雄の一打だ。初球のストレートを叩いてヒット性の当たりを放ったが、巨人の青田昇の好ポジショニングで中飛に倒れた。前掲書の中で藤本は「いま思えば、このライナーがいちばん肝を冷やした打球だったね」と述懐している。実は重松こそ完全試合阻止の鍵を握っていたのだが、この時点で気づく人はいなかった。

9回表、パイレーツ最後の攻撃。得点は0－4でリードを許している。試合の焦点は勝敗よりも、完全試合が達成されるかどうかに絞られていた。

7番関口清治に代打清原初男が送られた。しかし2球目のカーブを引っかけてショートゴロに打ち取られた。続く8番日比野武もスライダーを打ってセカンドゴロに倒れた。あと一人で日本プロ野球史上初の快挙が成し遂げられる局面が訪れた。9番は前の打席で惜しい当たりを打った重松だったが、監督の小島利男は自らが代打に出ると主審に告げた。

藤本は「しめた！」と思ったという。「重松は投手だけどよく打つ、またどこへ打つかわからない選手でね」「とてもいやな感じだった」――『完全試合』で藤本は心中を吐露した。

小島と酒席をともにしたとき、ツーストライクから外角を攻められるとつい振ってしまう

代打を送られミラクルボーイになりそこねた重松通雄投手

癖があると聞かされたことも思い出したという。

小島が代打で出てきたとき、結果は見えていた。小島はカウント2－2の6球目、外のスライダーに注文通りに手を出して空振り三振を喫した。この瞬間、パイレーツは偉業達成を目前で許してしまった。

試合後、小島は「スライダーにやられちゃった」と悲愴感に欠ける談話を残している。「代打、俺」の結果が三振では、ばつが悪かったのだろう。

「ベースボールニュース8月15日号」に出ている小島の談話はこうだ。「完全試合をやられたといって、ウチが拱手《きょうしゅ》傍観していた訳でもないし、不名誉でもない。なんとかしようと、ナインは最後まで張切ったが、ツイてないときは仕方ないもの。安打性の飛球もとられる始末」と不運を強調し、選手のせいにはしていない。かといって最後の代打策にも言及していない。

小島の妻、千鶴子（女優の小倉みね子）は著書『小島利男と私』で「力を過信したのか、不名誉な記録を選手たちに負わせたくなかったので身代わりで出たのかもしれない」と擁護している。

しかし「代打・小島」の判断が適切でなかったのでは、との考えが後世では支配的だ。たとえ後知恵であろうとも。

この打席の前まで、小島は10打数1安打で打率1割。重松は1割3分。どっちもどっちだが、日本野球機構のBISデータ本部室長だった宇佐美徹也は『プロ野球 記録・奇録・きろく』（文春文庫）で興味深い指摘をしている。重松は2度、藤本のノーヒットノーランを阻むヒットを打ったというのだ。

2試合とも戦前の1943年、西鉄の投手だった重松は5月1日と7月18日に巨人の藤本と投げ合った。藤本はいずれの試合も無安打無失点の快投を続けたが、5月1日は8回一死、7月18日は「あと2人」の9回一死から重松がチーム初安打を放ってその夢を砕いていたのだ。この「記録」を重松が覚えていて直訴すれば、小島はそのまま打席に送っただろうか。そうすれば藤本が「悪夢」を蘇らせて投球に影響が出ただろうか。

史上初の快挙は舞台がローカル球場の青森だったため、取材記者は少なく写真も残されていない。翌6月29日の西日本新聞朝刊は紙面で1番小さな扱い、8行だけのいわゆるベタ記事であった。「藤本はスライダーとシュートをたくみに配合して西日本打者を完全にぎゅうじり日本球界最初のパーフェクト・ゲームの大記録を完成した。外野飛球六、内野

引退後はコーチや社会人の監督などを歴任し、評論家なども務めた藤本英雄

飛球三、内野ゴロ十一、三振七、投球九十二であった」。朝鮮戦争の報道に比べると、完全試合なんてベタ記事にすぎないという判断だったのだろう。1950年6月28日はプロ野球史では「巨人・藤本の完全試合」の日だったかもしれないが、世界史では「朝鮮戦争でソウル陥落」の日なのだ。

しかし、このベタ記事があったからこそ、西日本パイレーツの名は永久に球史に残った。

劇作家も作詞家も目撃

完全試合の一方で、一つのプロ野球記録へのチャレンジが途絶えたことは忘れられている。パイレーツのトップバッター、平井は5月11日の広島戦でヒットを打って以来、連続安打を21試合に延ばしていた。当時のプロ野球記録は1リーグ時代の坪井道則（道典）と西沢道夫（ともに中日）の25試合だった。この記録の更新を狙ったが、藤本に2三振、内野ゴロ1と抑えられ途切れてしまったのだ。ちなみに平井は3月17日から4月19日まで20試合連続安打を放ったが、このときは中日の杉下茂に封じられており、再度の挑戦中だった。

劇団「天井桟敷」主宰し、作家・歌人としても著名な寺山修司

6月28日のパイレーツ―巨人戦は、意外な有名人が目撃している。まずは歌人で劇作家の寺山修司だ。当時、中学生だった寺山は、地元で初開催されたプロ野球の公式戦を喜び、大記録の興奮を自叙伝『誰か故郷を想はざる』に書いている。ただ「相手は白石の率いる西日本軍で、藤本のスライダーに手も足も出なかったのだ」の箇所は筆が滑ったのだろう。白石は同日1試合目に出ていた広島の白石勝巳のことで、小島と取り間違えたと想像する。世間一般ではパイレーツの監督が白石でも小島でも、どちらでもよかったのだろうと思わせるエピソードではある。

作詞家で直木賞作家のなかにし礼も、小学生のときバットボーイとして完全試合に立ち会った。「観客は多かったが退屈な試合。ただ球史に残る出来事を見ることができたという事実は日が経つにつれてじわじわと高まってきた」と語っているが、緊迫の試合を「退屈」と評した小学生の観察力には恐れ入る。確かに、素人目に1本のホームランも出ない試合は面白くないと映ったのだろう。なかにし少年はパイレーツの反攻を期待していたのかもしれない。

コラム③ 幻の海賊、浮田逸郎

浮田逸郎という投手について書いてみたい。入団した西日本パイレーツでは1試合の登板もなかったが、忘れられた球団と、忘れられた球史を物語れる貴重な人物のような気がする。

パイレーツに所属していた選手のその後を追いかける中で、浮田（2017年4月29日に85歳で死去）を取り上げた記事を見つけた。同年10月1日の神戸新聞に載った「65年前　山電にプロ野球団　山陽クラウンズ」だ。記事によると、山陽電気鉄道（神戸市）は1950年にプロ球団を設立した。史上唯一の二軍だけの球団で、これからプロを目指す若手や、二軍を持たないプロ球団の選手を預かって育成し、ウエスタンリーグの前身「関西ファーム・リーグ」にも参戦したという。そのメンバーの中に浮田の名前があった。長崎の佐世保北高からパイレーツに入団後、6月ごろからクラウンズに移ったとみられる。

山陽クラウンズと浮田の話題は、『二軍史』（啓文社書房）の著書があるプロ野球研究家、松井正も取材・執筆している。松井は、生前に浮田と手紙のやり取りをして山陽クラウンズ時代の話を詳しく聞いていた。それによると、パイレーツから来たのは浮田を含めて4選手。51年1月、パイレーツと西鉄の合併が決まると4選手は全員解雇された。浮田は地元・佐世保に戻り市役所に職を得た。しかし野球への思いは断ちがたく、再び1選手として山陽クラウンズへ復帰した。

松井は当時の新聞を調べ上げ、クラウンズ時代、浮田の対外試合の成績が8勝8敗であると突き止めた。チームの通算成績が11勝24敗1分なので、主戦としての働きを果たしたといえるだろう。松井への手紙で、浮田は52年9月、チームメートの高橋真輝とともに大洋へ移ったことを伝えた。山陽電鉄の都合で、クラウンズの解散が決まったためだという。53年、浮田は大洋と松竹が合併した洋松ロビンスで一軍登板を果たした。いずれもリリーフで9試合に登板、打者50人に対して被安打14、与四球5、奪三振3、自責点8、0勝0敗、防御率6・00の成績を残した。

初登板は4月2日の広島戦、先発清水秀雄の後を受け、2—1の7回途中から9回まで無失点で投げ切り、勝利に貢献した。現在のルールならばセーブが記録されていたはずだ。4月21、22日の後楽園での巨人戦にはリリーフで連投した。21日は二死満塁のピンチでマウンドに立ち、〝神様〟川上哲治を中飛に打ち取った。22日は平井三郎（53年から正明を改名）、南村不可止を打席に迎え、元パイレーツ対決を実現した。二人にヒットは許さず、意地を見せた。

しかし浮田は、この年限りでユニホームを脱ぐ。肩を痛めたためだ。1年限りの球団パイレーツに入団し、二軍だけのプロチーム山陽クラウンズを経て、あこがれのプロのマウンドに立つ。そのプロチームも、2年だけ存在した洋松。プロ野球史の〝激レア〟チームを渡り歩いた浮田は、松井への手紙に「悔いはありません」と書き記していた。

「山陽クラウンズ」の記事を書いた神戸新聞の小西隆久記者の協力を得て、浮田の長女和田祥子に父の思い出を聞いた。

「子どもたち思いの優しい父でした。野球のことも心から愛していたと思います」。開口一番、和田はそう切り出した。

娘は浮田の足跡をこう語った。浮田の実家は佐世保で帽子製造業と帽子店を営んでいた。中学のころから野球の腕は地域で広く知られ、大人の草野球にもかり出されていた。パイレーツが結成に向け九州各地の有望な選手を探していたとき、佐世保の野球関係者が推薦して入団テストを受けた。見事合格となり福岡へ向かった。

「父は、プロ野球時代のことを多くは語りませんでした。引退後も、あまり当時の選手との交流はなかったようですし」と和田。洋松を引退後は佐世保に戻り、家業を継ぐ傍ら、母校・佐世保北高の野球部の監督を務めた。また地元に結成されたノンプロチーム「全佐世保」の監督兼選手となり、56年には九州代表で都市対抗野球全国大会に出場した。初戦負けだったが、延長にもつれ込む好試合が地元の人たちを喜ばせた。

57年に浮田は佐世保から離れた。大阪で生命保険会社に勤務したのだ。支部長などの重職を歴任した。定年後は佐世保に戻り、再び佐世保北高の監督を引き受けた。その後は市の軟式野球連盟会長、町内連絡協議会会長を務めるなど地元のために尽力した。「〝野球バカ〟にならず、地元で小、中、高と後進の指導ができてよかった」。浮田は2007年に出た佐世保市民スポーツ情報誌「ぷれい！」でインタビューに答え、野球人生をそう総括している。元プロ選手であっても、謙虚に好きな野球に打ち込んだ一人の男の背中が見えてくる。

浮田は亡くなる直前、「柩には野球の帽子とスライディングパンツをいれてほしい」と言い残したという。「最後まで野球の話でした」。和田の言葉には、敬慕の気持ちがこもっていた。

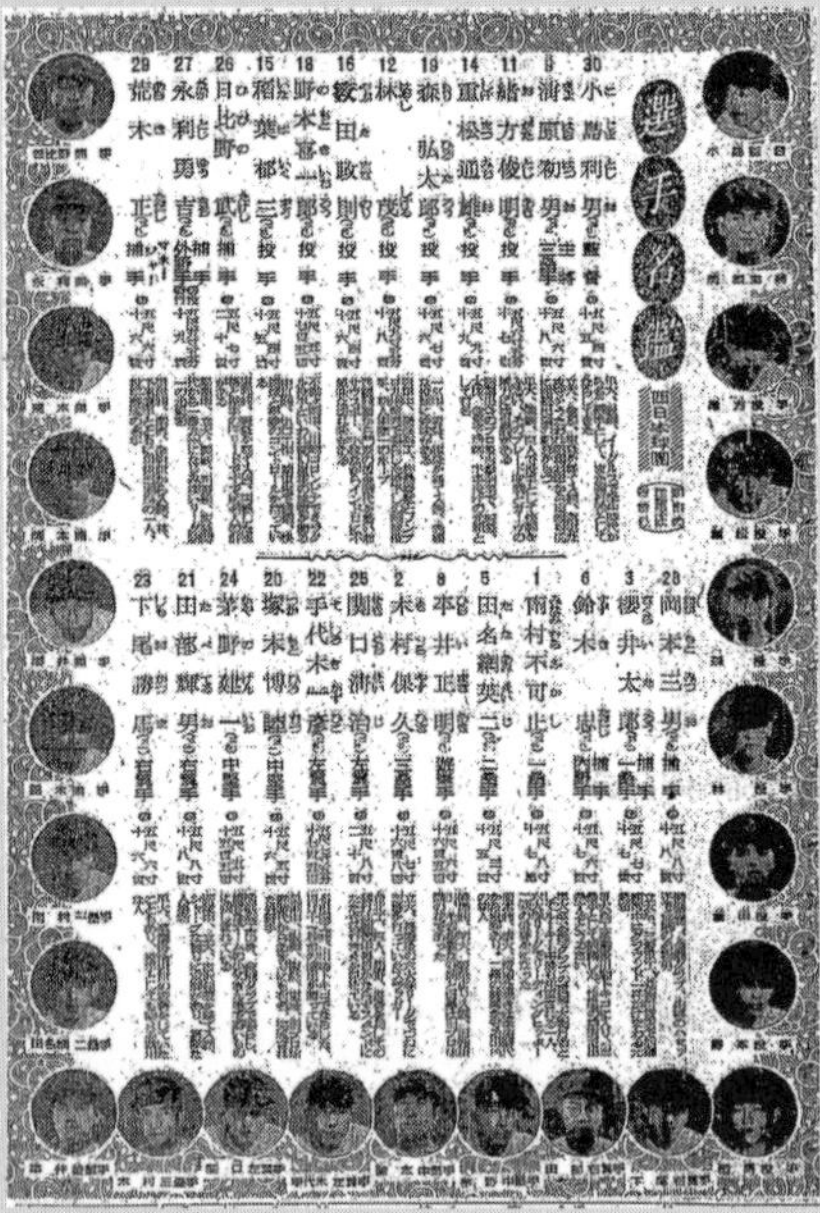
選手名鑑

1950年2月19日の西日本新聞に掲載された選手名鑑。この1年後にはちり散りになった

5

INNING

彷徨

1950年、セ・リーグ優勝時の松竹ロビンス小西得郎（左）と田村駒治郎

後楽園球場に全員集合

西日本パイレーツは7月11日から23日まで、10試合続けて後楽園球場でゲームを行った。このうち11～16日はセ・リーグと高島屋デパートがタイアップした「エレファント・シリーズ」だった。日本橋高島屋の屋上にお目見えしたアジアゾウの「高子」にちなんだネーミングだ。かき入れ時のお盆の前後、後楽園に全8球団が勢ぞろいして連日変則ダブルヘッダーを繰り広げた。

当時、東京でプロ野球が開催できる球場は後楽園くらいだった。神宮はアマチュア野球の聖地だったし当時は米軍に接収されていた。杉並には東京初のプロ野球専用球場、上井草球場があったが、交通の便が悪く10年ほど試合開催が途絶えていた。だから2リーグ制となった1950年、公式戦は

月/日	対戦相手	勝敗	得点	球場	責任投手
7/14	大洋	●	0−15	後楽園	重松
15	国鉄	●	5−6	後楽園	森
16	大洋	○	3−1	後楽園	緒方
18	松竹	●	2−7	後楽園	林
19	阪神	●	4−11	後楽園	野本
21	松竹	●	2−5	後楽園	緒方
22	大洋	○	6−2	後楽園	林
23	大洋	○	3−2	後楽園	野本
30	阪神	○	9−3	広島	緒方

後楽園に集中し、セ・パ合わせ288（全体の約3割）試合に上った。7月は46試合を行っている。

後楽園を本拠地としていたのは巨人、国鉄、毎日、大映、東急の5球団だった。年間42試合を戦ったパイレーツは主催ゲームも多く、まるで本拠地のようだった。

のちに天覧試合、王貞治の756号本塁打などの舞台となった後楽園だったが、この当時は〝初代〟の球場であった。

東京砲兵工廠《こうしょう》跡地にプロ野球専用の新球場が生まれたのは、1937年だった。水戸徳川家の庭園、小石川後楽園にちなんだネーミングで、両翼78メートル、中堅120・5メートル、3万8千人収容となっていた。両翼が極端に狭い（平和台球場は90メートル）のは、本塁打が出やすいように設計されたためだ。

両翼78メートルという狭すぎる1950年当時の後楽園球場

だがあまりに多すぎるので49年に両翼ポールから左中間、右中間のフェンスにかけて「アンラッキー・ネット」という網を張り、本塁打を防いだ。甲子園球場の「ラッキーゾーン」とは逆の発想である。

1950年にはナイター設備が整った。高さ約30メートル、8基の照明灯が選手たちのプレーを照らした。「エレファント・シリーズ」の開催は、ナイターのお披露目でもあったようだ。デーゲームばかりで野球観戦に行けない勤め人たちが、仕事帰りに楽しめる環境が生まれた。

パ・リーグに5日遅れて、セ・リーグ初のナイターが行われたのは7月11日、パイレーツ対広島、巨人対松竹の変則ダブルヘッダーだった。パイレーツは塚本と南村のホームランと野本の力投によって4―1で広島を下し、セ・リーグ初のナイターの勝者となった。厳密にいうと午後5時半開始の薄暮試合《トワイライトゲーム》で、照明点灯は試合途中からだったが、カクテル光線の下でのプレーがファンを魅了した。

広島	1	0	0	0	0	0	0	0	0	1
西日本	1	0	1	0	0	2	0	0	X	4

（広）長谷川―阪田（西）野本―日比野

「ホームラン9月号」には球場の照明灯の話題が載っている。後楽園のグラウンドでどこが明るく照らされているかを詳細な図で検証しているが、マウンド付近が650ルクス、打席付近が540ルクスと照度が高い一方、レフトとライトのポール際は180ルクスと結構暗いことが分かる。

他球場の比較も興味深い。神宮球場が内野240ルクス、外野140ルクス、横浜（平和）球場が内野180ルクス、外野100ルクスに対して後楽園は内野400ルクス、外野220ルクスとかなり明るい。

ただし「後楽園は比較的狭い球場だから明るい」という落ちもついている。ともあれ、不夜城のような球場は当時の大きな話題だったようだ。

月/日	対戦相手	勝敗	得点	球場	責任投手
8/ 3	阪神	●	0－14	甲子園	野本
4	国鉄	●	3－9	甲子園	下尾
6	国鉄	●	1－2	中日	森
8	阪神	○	7－5	横浜	久喜
10	国鉄	●	1－5	宇都宮	玉川
12	阪神	●	4－10	長岡	緒方
13	国鉄	○	6－3	新発田	野本
15	阪神	○	3－2	富山	緒方
16	国鉄	○	4－1	金沢	久喜

74泊75日の長すぎる旅

後楽園球場での連戦が続いたのち、西日本パイレーツは地方での試合が増えてくる。8月は北関東から新潟、北陸へ。移動はもちろん鉄道だ。終戦からまだ5年、モータリゼーションは夢の話だった。鉄道も東海道線に特急が復活したのは1949年で部分的にしか電化（全線電化は56年）されておらず、戦前の水準に戻ったとはいえ東京－大阪間は最速でも8時間かかった。地方路線は「推して知るべし」の状態だった。

「ベースボールマガジン10月号」に、このときの新潟・長岡への移動を写したグラビアが載っている。対座式のボックス席に選手たちが4人掛けしている。どの顔も「窮屈だ」と言っている。棚には荷物がぎゅうぎゅうに詰め込まれ、バットがはみ出している。車内に冷房などなく、暑さのあまりランニング姿になった選手もいる。くわえたばこの選手、瓶から直接ビール？を飲む選手――ぱっと見、自宅の居間でだらしなくくつろぐ親父たちの集団のようでもあ

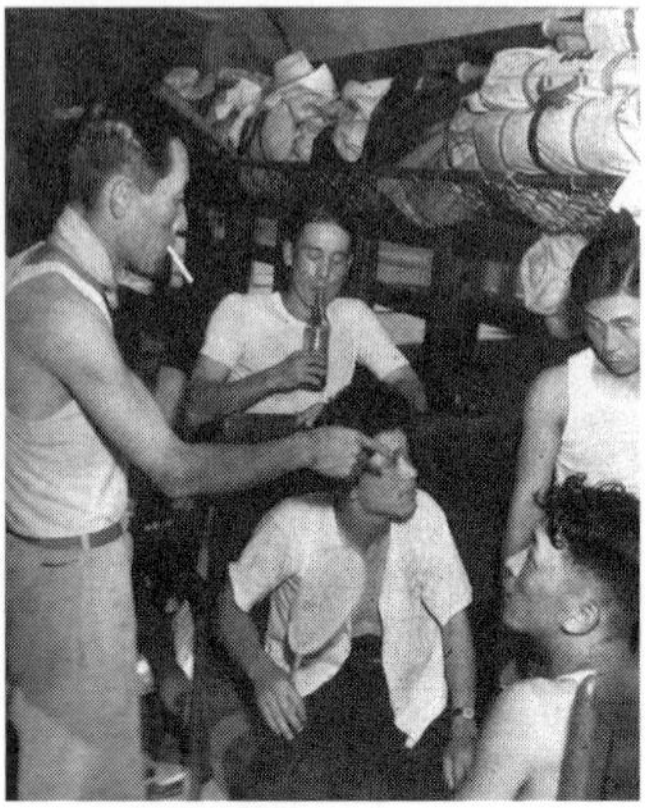

列車で長距離移動するナイン（ベースボールマガジン10月号）

る。

長岡駅のホームに立つ清原初男を写した1枚もある。両手に提げた大きなバッグが重そうだ。遠征中の着替え一式が入っているのだろう。自分の荷物は自分で運ぶ時代だった。

「ベースボールマガジン7月号」には、パイレーツの南村不可止らが参加した座談会が載っている。話題は列車での移動に及んだ。

南村は「(投手は)明日投げるということがわかっていたら、ござを持って汽車に乗るというのです。まるで夜鷹《よたか》みたいだが、それで通路へ寝る。そうしなければ投げられんので…」と内情を話す。寝台車などない時代だ。硬い4人掛けシートで一夜明かすのは、野球選手でもつらい。

同席した松竹のエース、真田重男(重蔵)は「(シートに)四人掛けますと、十一時なら十一時にな

月/日	対戦相手	勝敗	得点	球場	責任投手
8/19	阪神	●	4−8	中日	久喜
22	中日	○	14−5	新潟	林
23	中日	●	1−3	鶴岡	野本
27	中日	●	5−6	米沢	森
30	国鉄	○	7−2	松江	野本
31	阪神	●	9−10	松江	緒方
9/ 2	巨人	●	4−5	甲子園	重松
5	巨人	●	3−6	後楽園	林
6	中日	△	5−5	後楽園	

この年、39勝をあげてロビンス優勝に貢献した真田重男（重蔵）

るとそのうち二人に犠牲になって通路へ寝てもらう。ピッチャーは腰掛けて寝てゆくのですが、これなら楽ですよ」と語っている。この年、真田は39勝で最多勝に輝いている。「犠牲」になった選手のおかげだろうか。

2021年3月、日本野球機構（NPB）のサイトに山本勉記録員の興味深い記事がアップされた（【記録員コラム】「74泊75日」「29都道府県、52球場を駆けめぐった西日本パイレーツ」）。パイレーツは1950年7月28日から10月10日まで74泊75日の長期遠征に出ていたというのだ。本拠地福岡を離れたナインは広島総合野球場を皮切りに北は青森、南は大分で「死のロード」を戦い、再び福岡に戻ってきたのは秋風が吹くころだったという。東京や大阪には定宿があったが、福岡の自宅ですごすのとは勝手が違っただろう。この間、パイレーツは22球場で37試合を消化した。2日に1試合の計算だが、移動距離を考えるとハードな日々だったことが想像できる。列車に揺られ、炎天下のグラウンドでプレーし、次の球場へ。選手たちはタフだった。

8月、西日本パイレーツの長距離遠征は続いた。中日球場で阪神と戦った後、新潟、山形の鶴岡と米沢といったん北上し、そして西の松江へと引き返した。行きも帰りも車窓から晩夏の日本海が見えただろう。それを眺める余裕が、選手たちにあったのだろうか。

相変わらずチームの成績はぱっとしない。現地到着が予定より1日遅れた中日との一戦（22日、新潟白山球場）と、最下位争い中の国鉄戦（30日、松江市営球場）に勝った程度。遠征疲れが出たのだろう。74泊75日のロードの前も、43日間の遠征を行い、この間、例の完全試合を食らっている。8球団中6位が定位置となって久しい。

そんな中で、必死に打線を引っ張るのが4番の南村だ。松江での国鉄戦では2打数2安打2打点で勝利に貢献するなど、堅実な打撃を続けた。8月31日終了時点で、打率3割1分はセ・リーグ打撃順位の10位。巨人の4番川上哲治（3割7厘）を上回っている。

愛息とおそろいのユニフォーム姿の南村選手（ベースボールニュース9月15日号）

セの球団を見渡しても新人で4番を担っているのは南村だけだ。早大で活躍後、大手銀行の課長になった経歴を持ち、入団時は32歳、風格もリーダーシップも備えたオールドルーキーだった。
「ベースボールニュース9月15日号」は南村の特集を組んでいる。「花形選手に訊《き》く二十の答」と題し、質問に答えるコーナーがある。「一貫した信念は？」の問いに「素直にやること」、「長所は？」と聞かれると「悪いことのできないタチ」と答えている。ライバルは同じ二塁手の千葉茂（巨人）、尊敬する人はルー・ゲーリッグを挙げた。体形と同様、スマートなプレースタイルだったという。

写真グラフもある。愛息の昇と写った写真がほほえましい。昇は3歳くらいに見えるが、父と同じパイレーツのユニホームを着てパイレーツの帽子をかぶっている。市販されていないはずだから、きっと妻利子の手作りだろう。

その利子と写った1枚には「利子はボクを力づけてくれました」のキャプションがある。週末や盆の帰省も許されぬ単身赴任のような遠征続きの野球生活の中で、南村は妻子への思いをバットに託したのかもしれない。

若手とベテラン奮闘す

9月になってもパイレーツは苦しい試合が続いていた。看板の打線が湿りがちで、14日には巨人の「天敵」藤本英雄に完封を許してしまった。散発6安打に抑えられ、8三振を奪われた。藤本は無四球と抜群の制球力を見せつけた上、パイレーツの野本喜一郎からダメ押しとなる6号本塁打を放っている。完全試合のリベンジどころか返り討ちにあってしまった。

　そんな時期にアンダースローの重松通雄が先発で2勝し、ひとり気を吐いた。奪三振は2試合で1だが、ベテランらしい老獪《ろうかい》な投球を見せた。17日の国鉄戦では新人の金田正一から本塁打を放っている。34歳の誕生日の翌日で、6勝目をマークし自ら祝った。

　重松は戦艦大和を造った呉海軍工廠（広島県呉市）時代から好投手として鳴らし、プロ野球リーグ戦が始まった1936年には阪急にいた。プロでは「元祖アンダースロー」と呼ばれ活躍したが、2度応召されキャリアが途絶えた。戦後、金星（松竹の前身）で復帰するも、パイレーツ入団まで一線を退いていた。

　完全試合の日には藤本と投げ合い、ヒット性の当たりを飛ばしたことは前に書いた。この年限り

月/日	対戦相手	勝敗	得点	球場	責任投手
9/ 7	国鉄	○	7−2	後楽園	重松
9	巨人	●	1−5	一宮	森
13	松竹	●	2−4	後楽園	下尾
14	巨人	●	0−4	後楽園	野本
16	阪神	△	1−1	中日	
17	国鉄	○	6−3	中日	重松
19	巨人	○	9−6	長野	久喜
21	巨人	●	5−13	飯田	下尾
23	阪神	●	0−7	宇都宮	野本

のちのライオンズ時代にいぶし銀の活躍をした関口選手

で現役引退するが、最後に一花咲かせたのは確かだろう。

打者の光明は外野手の関口清治だった。7日の国鉄戦で16号、19日の巨人戦では17号満塁弾を放ち、1番打者の平井正明をけがで欠く打線を支えた。

堅実性はいまひとつで下位を打つことが多いが、一発の魅力は捨て難い。17本塁打は、この時点で永利勇吉と並ぶチームトップだ。6尺（180センチ）の身長も、当時のプロ野球界では群を抜いて高かった。「関口のような大男が三、四番に座る実力を備えると（パイレーツは）ぐんと強くなる」と「野球界8月号」で評されているように、期待は大きかった。

関口がパイレーツ入りしたのは、所属していた社会人野球の強豪・別府星野組の解散が一因だった。もともと関口は福井のノンプロチームを経て1948年に巨人にテスト入団したが、肩のけがで成績が残せず、巨人に籍を残したまま星野組へ〝出向〟した。表向きは温泉治療のためとされたが、「実質はクビ同然だった」と関口は回顧している（小野博人著『ああ西鉄ライオンズ』西日本新聞社）。星野組で肩が回復した関口はチームで4番を務め、

49年の都市対抗野球の全国優勝に貢献した。だが親会社の都合で野球部は解散が決まり、主力の西本幸雄や荒巻淳、今久留主淳・功兄弟らは新生の毎日オリオンズに移ることになった。関口も同調しようとしたが、巨人から「待った」がかかった。関口の籍は巨人にあるとの主張である。だが関口は「巨人には戻りたくない」と復帰を拒否した。仮に戻っても外野のレギュラーは取れそうになかったし、チームメイトへの恩義もあった。結局、話し合いで巨人と同一リーグのパイレーツに移ることになった。

重松のような大ベテランと、関口のような伸び盛りの若手が一つになったパイレーツ。この時は勝利に結びつかなかったが、後継球団の西鉄ライオンズとなって「元パイレーツ戦士」の力が生かされることになる。

関口はライオンズの中軸打者となり、54年は27本塁打を放って初のリーグ優勝の立役者の1人となる。3連敗後4連勝した58年の巨人との日本シリーズでは、巨人優勝まであと1人の場面で起死回生の同点タイムリーを放ち、稲尾和久のサヨナラ本塁打につなげた活躍はオールドファンの間で今も語り草だ。

重松は引退後、西鉄ライオンズの二軍監督に就任した。後に主力投手となる河村英文は著書『西鉄ライオンズ　最強球団の内幕』(葦書房)で「鬼―それは二軍監督の重松さんである」と証言している。2度の応召、厳しい選手指導から重松は「鬼軍曹」と呼ばれ、一軍を目指す若獅子たちをビシビシ鍛えた。高倉照幸、島原幸雄、河野昭修らが重松の熱血教室から巣立っていき、西鉄黄金期を支えた。のちに一軍投手コーチ、太平洋クラブ時代はスカウトとなるなど重松の指導者人生はライオンズ一筋だった。

西日本パイレーツが連敗モードに入ってしまっ

金田正一が活躍するも1950年は最下位に沈んだ国鉄スワローズ

月/日	対戦相手	勝敗	得点	球場	責任投手
9/24	広島	●	2−9	高崎	重松
26	中日	○	3−2	一関	野本
27	巨人	●	0−9	三沢	重松
30	中日	●	4−6	松坂	緒方
10/ 1	広島	●	1−3	中日	野本
3	大洋	●	2−15	後楽園	林
6	国鉄	●	5−6	後楽園	緒方
7	大洋	●	4−11	後楽園	野本
8	国鉄	●	0−4	後楽園	森

た。9月26日に永利勇吉の本塁打と野本喜一郎の力投で中日に1点差勝ちした以降、黒星を連ねてゆく。

ここまで16勝を挙げチームの勝ち頭だった緒方俊明は、9月30日の中日戦で4－1の6回に2点、7回にも集中打で3点を奪われ逆転負けした。10月6日の国鉄戦は、7回に清原の3ランで4－3と逆転したその裏、高校を中退して8月にデビューしたばかりの投手、金田正一に一発を浴びて同点に追いつかれる。8回に日比野武のソロで勝ち越したが、その裏に下位打線の福田勇一に逆転2ランを被弾して連敗してしまった。ちなみに金田はこのとき17歳2カ月。プロ野球最年少での本塁打だった。この記録は今も破られておらず、緒方の最年少打者からの被本塁打も球史に残り続けている。

「巨人に居場所なし」の緒方俊明投手が開幕投手

開幕投手を務めた緒方が巨人に入ったのは1947年。熊本商－早大－熊本鉄道と活躍した九州屈指の好投手だったが、別所昭（毅彦）や藤本英雄らがいた巨人では出番が少なく、3年間で5勝8敗と力を出せなかった。パイレーツへの移籍は、「巨人に居場所なし」と言われたのも同然だったのだろう。

しかし緒方はパイレーツで奮闘した。

「ホームラン11月号」に、当時巨人総監督の三原脩による緒方評が出ている。三原は緒方の巨人時代の監督だった。

「長所は積極果断、如何《いか》なる強打者が現れようと絶対に強気で攻めるその旺盛な気概にある」とマウンド度胸の良さをたたえる。「巨人軍で（中略）機会に恵まれなかった」緒方だが、パイレーツで大車輪の働きをしたことは「人間個々の能力というものがその所を得て初めて発揮されるものだという事を如実に示した」と新天地での開花を素直に喜んでいる。

この年、緒方は20勝を挙げる。今なら大エースと呼ばれる成績だが、39勝の真田重男（松竹）を筆頭に20勝以上の投手はごろごろいた。翌年、緒方は西鉄ライオンズで再び三原の指揮下に入るが、勝ち星はほぼ半減して11勝に終わった。52年のシーズン途中、〝青バット〟大下弘とのトレードで、深見安博とともに東急に移籍した。

以降も50年の成績を上回ることはできなかった緒方だが、金字塔を一つ打ち立てている。勝利を挙げた球団数が15とプロ野球最多記録だ。スタルヒンとタイ記録ながら、今後球団が増えない限り破られることはないだろう。現役時代、緒方が唯一勝ち星を得られなかったのがパイレーツだ。1年限りの球団に所属していたので仕方ないことだが。

連敗続きで身売り話も

9月27日に始まった西日本パイレーツの連敗は、ついに12まで伸びた。10月12日の中日戦（熊本）では1点ビハインドの9回裏、下尾勝馬と田部輝男の連打で追いついたものの、延長11回に投手の杉下茂に勝ち越しの三塁打を浴びた。途中から緒方を投入して勝利への執念を見せたが実らなかった。15日の同カード（広島）も8回を終えて7－5でリードし連敗ストップの期待がかかったが、2番手の野本が西沢道夫に3ランを喫し逆転負けした。勝ち運に見放されたときの典型だった。

ようやく19日の大洋戦（中日）で連敗が止まった。先発した緒方は相手打線を5安打に抑え、完投で17勝目を手にした。最後はエースが意地を見せた。

ふがいない成績を反映してか、パイレーツの行く末がメディアでは頻繁に話題にされていた。「野球界8月号」の座談会では、試合中に監督の小島利男への采配批判がベンチのベテラン選手からなされていたことを出席者が暴露していた。小島の指示ミスでランナーが進塁できなかったとき、ベンチから「バカヤロー」の罵声《ばせい》が飛んだという。選手交代も監督ではなくベテラン選手が行っているという。「あんなバカなチームはないね。小島は可愛想だったよ」「だからアプレゲール（戦後派）のチームは困るんだよ」との声も挙がっていた。

「ベースボールニュース7月15日号」では、このうわさの真否を小島に聞いたが、「そんな事が本当なら監督としてとっくに相手をクビにしてますぞ」と否定している。しかし「火のない所に煙は立たない」と70年前の雑誌も書いている。

同年の「ホームラン12月号」には、こんなゴシップがある。ある試合で代打に指名された打者が「月給も貰《もら》わんでオカシクて打てますかい」と言ったとか。

1951年の「ベースボールニュース4月1日号」には、南村がリーグ会長に出したとされる陳情書を引用している。常識外れのチームの現状を告発する内容だ。「契約金の支払延期を繞《めぐ》り監督、主将間の溝を生じ公式戦開始後もなお契約金及び給料の未払遅延などもあって…職業野球選手にと

月/日	対戦相手	勝敗	得点	球場	責任投手
10/12	中日	●	5−6	熊本	緒方
14	大洋	●	2−5	下関	久喜
15	中日	●	7−8	広島	野本
17	松竹	●	5−14	静岡	重松
18	松竹	●	3−6	磐田	久喜
19	大洋	○	4−1	中日	緒方
21	阪神	●	4−14	甲子園	野本
22	大洋	○	5−2	甲子園	森
23	松竹	●	1−14	日生	重松

って神聖なるべきグラウンドにおけるプレーの面にさえ、醜態、醜悪なる場面が露呈されるに至った」。50年シーズン始めに書かれたものとみられ、パイレーツ球団のゴタゴタぶりは、早い時期から球界の〝常識〟だったようだ。

「ベースボールニュース11月1日号」は、東京からの情報として「広島、西日本の解散は必至」「緒方、日比野、永利、平井あたりだけがプロ球界に残り」「緒方が大洋へ（中略）あとは国鉄へーと、早くも配分方法まで予定され」などと書き立てる。

この情報は、2リーグ分裂で球団数の増加による試合の質の低下、それに伴う観客数と収入の減少、税金負担などプロ野球の経営問題とともに語られているから真実味がある。「狭い博多を中心に二つのプロチームができたことが無理だったんだ」。「ホームラン12月号」にある一文は、関係者の耳に痛かったはずだ。

初の胴上げ見せられる

ペナントレースも終盤。西日本パイレーツは8球団中6位に〝安住〟してしまった。7位の広島に抜かれることはないが、5位の大洋より上位に行くこともない。ファンたちは、諦《あきら》め半分だったのではないか。

チームも後楽園球場に〝安住〟していた。11月は全試合が後楽園開催。遠征費を節約するためだ。それだけ球団は貧していた。

パイレーツの東京での宿舎は中野ホテルだった。NPO法人西鉄ライオンズ研究会（本部・福岡市）の理事・松永一成の調査では、同ホテルは中野駅の南口にあって現在は高層マンションになっているという。「後楽園球場に電車一本で行けて便利だったのでしょう。南海ホークスも定宿にしていました」と松永は語る。南海は1959年に日本一となったとき、中野ホテルで史上初のビールかけを行った。パイレーツはついぞ美酒に酔うことはなかったが。

「野球界12月号」の企画コーナーに、中野ホテル訪問記が載っている。記者が来意を伝えると、出迎えたのは重松以下8選手だけ。一部選手は後楽園まで徒歩で行ける別の宿舎にいるという。

布団が敷きっぱなしの四畳半で取材を受けたの

月/日	対戦相手	勝敗	得点	球場	責任投手
10/25	阪神	○	5－3	大阪	緒方
26	松竹	●	7－8	大阪	重松
28	巨人	○	5－3	熊谷	森
29	国鉄	●	4－11	宇都宮	重松
11/ 2	国鉄	○	3－1	後楽園	久喜
2	国鉄	○	3－1	後楽園	野本
3	国鉄	●	1－2	後楽園	緒方
5	国鉄	●	3－5	後楽園	森
8	阪神	●	2－8	後楽園	久喜

は重松や田名網英二、関口清治らで、松竹戦で負傷し欠場が続く平井正明も包帯姿で加わった。記者は青森の完全試合の話を振った。パイレーツといえば完全試合、の図式ができあがっていたのだろう。平井は最初の打席でノースリーとなったことに触れ「今考えてみるとあの時、ウーン」と悔しがった。6回、重松のライナー性の当たりを好捕されたことに「普通なら完全にヒットだな」と嘆き、他の選手も「打球が野手の正面に飛ばなければ」「あせらなければ」と言い訳が続いた。重松は「もう、これは一生涯つきまとうぜ。しかしな、いつか名誉挽回《ばんかい》せにゃぁ」と気を引き締めてみせた。記者も「戦時中米国民が〝真珠湾を忘れるな〟という合い言葉をもって戦ったが西日本の海賊は青森を忘れるなと斗魂をかきたてている」と書き、奮起をうながした。しかし名誉挽回の機会はとうとう訪れず、「完全試合といえばパイレーツ」の汚名は今もつきまとう。

野球界12月号の「西日本宿舎訪問記」。写真右が木村保久選手

次いで選手たちは互いのあだ名の由来や寝相の悪さを披露し、最後に浴衣姿の集合写真を撮って和気あいあいの雰囲気を見せた。試合が雨で中止となったとはいえ、記者が「練習はどうした」と聞かないのは、大人の事情があるのだ

ろうか。

　1950年11月10日は後楽園で松竹とのダブルヘッダーだった。パイレーツにとっては消化試合の2戦だが、この日は松竹にとって重要な意味を持っていた。あと1勝すれば残り試合を全敗しても、2位中日が残り試合を全勝したときの勝率を上回る。つまりセ・リーグ優勝が決まる一戦だった。2位とのゲーム差を日に日に広げ、優勝確実となっていた松竹だが、節目は節目である。

　松竹優勝は1試合目で決まった。パイレー

1950年、小西監督のもと、優勝を果たした松竹ロビンス。田村駒治郎の喜びも相当なものだったという

月/日	対戦相手	勝敗	得点	球場	責任投手
11/ 9	巨人	○	4−3	後楽園	緒方
10	松竹	●	0−9	後楽園	林
10	松竹	●	3−5	後楽園	野本
12	阪神	●	2−4	後楽園	森
13	大洋	○	6−0	後楽園	緒方
13	大洋	●	3−4	後楽園	久喜
16	大洋	●	1−2	後楽園	野本
17	阪神	○	4−3	後楽園	重松
18	阪神	○	14−12	後楽園	野本

ツの先発林茂は一死も奪えず初回で降板し、二番手重松も打ち込まれた。2人で11安打9失点、打線も松竹のエース真田重男に3安打で完封され39勝目を献上した。首位と6位の力の差を見せつけられた形だ。試合終了後、松竹監督の小西得郎は選手に胴上げされた。これがプロ野球の胴上げ第1号とされるが、歴史に残る瞬間に立ち会ったパイレーツナインはどんな心境だっただろうか。圧倒的強さを見せた松竹だったが、優勝はこれが最初で最後となる。のちに球史から姿を消す運命が待っていた。1年限りのレアな球団パイレーツが目の前で見た、レアな優勝の風景だった。

松竹	3	0	0	0	0	1	5	0	0	9
西日本	0	0	0	0	0	0	0	0	0	0

（松）真田―荒川（西）林、重松―岡本

1950年11月18日、西日本パイレーツは後楽園でシーズン最終戦を迎えた。この年限りで姿を消すパイレーツ球団にとっても最後の公式戦は、最大9点差をはねのけて14－12で阪神に勝利した。今ならスポーツ紙は「奇跡の逆転」と騒ぐだろう。だが19日の西日本新聞朝刊は写真が1枚もなくイニングとテーブル、それと短い戦評を載せただけ。

8カ月前の開幕戦は紙面を割いて最初の1勝を報じたのに、最後の1勝はごくごく小さな扱いだった。もっともこの最終戦に限らず、「イニングとテーブルのみ」の試合結果は負けが込み始めた4月の紙面から定番化していたが。

阪神	6	3	0	0	0	3	0	0	0	12
西日本	0	3	1	0	0	5	0	5	X	14

（阪）干場、野崎―徳網　（西）久喜、野本―日比野

136試合で50勝83敗3分、勝率3割6分7厘、8チーム中6位。優勝した松竹とは48ゲーム差。これが海賊たちが残した足跡だった。開幕前、南村が「何とかして50勝とりたい」と願った通りになったが、ナインは誰ひとり満足しなかったのではないか。

ちなみに開幕時期と最終盤のスタメンを比べると、投手以外はセカンドの田名網英二が手代木一彦に変わったほか、大きくは違わない。平井の負傷離脱はあったが、ほぼ同じ顔ぶれでパイレーツはペナントを戦った。

プロ野球セ・リーグは11月20日に全日程を終え、1950年のレギュラーシーズンの幕

を下ろした。優勝した松竹は93勝35敗、勝率は実に7割3分7厘で2位中日に9ゲーム差をつける圧勝だった。チーム打率2割8分7厘、チーム防御率3・23と数字も圧倒的だ。6位の西日本パイレーツのそれが2割6分1厘、4・66だったことを考えると、力の差は歴然としていたわけだ。

パイレーツは松竹に2勝16敗と大きく負け越した。3勝14敗1分の中日戦を上回り、もっとも苦手にした球団だった。7位の国鉄は松竹に1勝しかできなかった。

この日、後楽園球場でセ・リーグの閉会式があり各タイトルの表彰が行われた。本塁打王、打点王に小鶴誠、最多勝に真田重男、最優秀新人に大島信雄と松竹の選手が名を連ねた。首位打者は阪神の藤村富美男が獲得した。パイレーツからはただ一人、南村不可止が新人打撃王のタイトルホル

1950年セントラル・リーグ最終成績

順位	球団	勝	負	分	勝率	差
優勝	松竹ロビンス	98	35	4	.737	−
2位	中日ドラゴンズ	89	44	4	.669	9.0
3位	読売ジャイアンツ	82	54	4	.603	17.5
4位	大阪タイガース	70	67	3	.511	30.0
5位	大洋ホエールズ	69	68	3	.503	31.0
6位	西日本パイレーツ	50	83	3	.376	48.5
7位	国鉄スワローズ	42	94	2	.309	57.5
8位	広島カープ	41	96	1	.299	59.0

ダーとなった。打率3割、本塁打11本の成績は投手で20勝した大島と同様にルーキーの中で光っていた。

九州一の決定戦だけど

セ・リーグ全日程終了の2日後には初の日本シリーズ、毎日－松竹が開幕した。毎日は本塁打王と打点王に輝いた別当薫らの活躍で、2位南海に15ゲーム差をつけ、初代パ・リーグ王者となっていた。

きょう（午後二時）春日原で第一戦
西日本對西鐵交歡シリーズ
南村選手〝四勝三敗か〟
〝見ていて下さい〟木幕選手
両チーム宿舎訪問

西鉄クリッパースとの交歓シリーズを告知する1950年11月23日の西日本新聞

その初戦、毎日が3－2で勝ったことを報じる11月23日の西日本新聞朝刊に、パイレーツの記事が大きく載っている。この日から西鉄クリッパースとの「交歓シリーズ」が始まるというのだ。共同募金への寄付が目的の慈善試合で、平和台球場などで7試合が組まれた。

サッカーなら「福岡ダービー」と呼ばれ、機運も高まっただろう。日本シリーズに対抗する「九州一決定戦」だ。しかし西鉄は51勝67敗で、優勝した毎日に31・5ゲーム差の7球団中5位と成績はパイレーツとどっこいどっこい。ちなみに記事に使われた写真は、試合前日にマージャン卓を囲むパイレーツナインだった。

西鉄は投手が川崎徳次や野口正明、武末悉昌、打者は深見安博や監督兼任の宮崎要らを中心に1950年シーズンを戦った。

日本シリーズの〝裏番組〟パイレーツ対西鉄の交歓試合初戦は11月23日、西鉄のホームゲームとして春日原球場（現福岡県春日市）で行われた。

先発はパイレーツが緒方、西鉄が野口とエース対決となった。緒方は1回、3連続二塁打を浴び2失点とつまずいた。当時公式球はリーグで異なり、初めてパ・リーグ球を使った緒方は戸惑ったという。パイレーツは永利の本塁打で1点差に迫ったが、最後は1－3で敗れた。

この日、日本シリーズ第2戦で毎日が松竹に5－1で勝った。翌日の西日本新聞の扱いは交歓戦のほうが大きかった。

パイレーツの交歓戦の結果は、以降こうなっている。

第2戦（大牟田）　**7－8**
第3戦（八幡）　**1－5**
第4戦（平和台）　**1－5**
第5戦（佐賀）　**27－5**
第6戦（小倉）　**2－1**
第7戦（春日原）　**2－4**

トータル2勝5敗。開幕前日のマージャン大会が影響したとは言わないが、投打とも精彩を欠き見るべきものは少なかった。後で考えると、パイレーツのユニホーム姿を九州の人たちに見てもらえる最後の機会だった。

「九州一」は西鉄に決し、日本シリーズも毎日が松竹に4勝2敗で勝っていたため、「パ・リーグ強し」のムードが高まった。そして口さがない人たちは、こう言った。「交歓シリーズはパイレーツと西鉄の合併に向けたデモンストレーションではないか」。こんなうわさが現実味を持つほど、パイレーツは存続の危機に立たされていた。

6 INNING

抵抗

西日本パイレーツ選手のサイン
（野球少年1950年11月号の付録より）

集客力の差は実力の差

これから西日本パイレーツがセ・リーグを脱退し、パ・リーグの西鉄クリッパースとの合併に至る経緯を書いていく。しかし当時を知る人はほとんどいない。頼るべきは新聞と野球雑誌だが、新聞には関連する記事が少ないし、野球雑誌にはゴシップ風のうわさ話が多数載っている。そのうわさ話がのちに史実のように書かれているケースも散見するが、今となっては裏付けを取るのは困難だ。

だから「パイレーツ問題はこう報道されていた」と客観的に書いていくしかない。真実は、パイレーツが1950年シーズンだけでプロ野球界から姿を消したという1点のみだ。パイレーツと西鉄の合併のうわさが雑誌に載ったのは、「野球界8月号」が早かったようだ。

ペナントレース中盤までの状況を語る座談会で、全国紙の記者が「西日本が（経営に）相当困っている」「県知事か何かが（西鉄との合併を）橋渡しをしているらしい」と語っている。この号の奥付にある発行日は7月1日。完全試合にまったく触れていないことなどから、座談会は6月中旬までに行われていると推測される。

記者のこの発言は、元巨人代表の山室寛之著『プロ野球復興史』（中公新書）の「西日本は、六月ごろから給与の遅配が始まった」との記述と重なる。同書は具体的な典拠は示していないが、パイレーツの経営不安が表出したのが開幕から3カ月余だったのは確かだろう。

そもそも「人口40万の福岡に二つの球団は無理」と言われたのはパイレーツと西鉄が誕生した49年暮れだ。それを分かっていて、パイレーツは読売の、西鉄は毎日の思惑にほんろうされてセ・パに分かれた理由は前にも書いた。予想されたことだろうが、こうも早く経営難に陥るとは予想外だったのだろう。

開幕から3カ月後には「経営危機」がうわさに上った西日本パイレーツ。なぜ、それほどまでに困った状況となったのだろうか。

一つは入場者数が予想以上に伸びなかったことだ。平和台球場での開幕戦入場者数は、公式記録で4千人となっている。新聞記事を読む限り、球場外の木に登って見る人がいるなど、ぎっしり満員のように思えるが意外と少ない。好カードだった2戦目の巨人戦は不明。3月15日の巨人戦（八幡桃園球場）も3千人と低調で、以降九州の地方球場では千人台の集客ばかりだった。

プロ野球全体の話として「ベースボールニュース11月1日号」の特集で観客減少の原因分析を行っている。理由は明白だ。チーム数が倍増し、限られたパイを奪い合っていること。弱いチームの試合は面白みに欠けること。「読売スポーツ12月号」も、5月末までの後楽園球場の平均入場者数が、セ・リーグは前年比35％減の1万5千人に落ち込んだと報じている。

入場者数は球団の収入に直接かかわってくるので切実だ。現代のようにテレビの放映権料やグッズ販売によるロイヤリティなどが見込めるわけではない。

当時、セ・リーグは興行権を日本野球連盟に委託していた。パイレーツ対広島、大洋対国鉄のようなカードは不人気で、誰も興行しようとしない。そんな弱小球団を救済するためでもあった。入場料収入の分配法は、現在のように本拠地球場の主催者がすべて受け取るのではなく、1試合いくらと決めたギャランティ制か、勝者と敗者で6対4など取り分を決めた歩合制だった。ギャランティ制では不人気球団同士だと主催者はギャラを低く抑え、歩合制の場合は客が少ない試合で負ければ、少ない取り分も減るという図式だった。かくしてパイレーツや広島、国鉄の下位球団の経営は青息吐息にならざるをえなかった。

一方、入場料収入の一部を8分割して全球団に分配する取り決めもあった。リーグ全体の相互扶助が目的だったようだが、入場者数が多い上位チームと少ない下位チームが同額を受け取るため、不公平感は否めなかった。

具体例が「ベースボールニュース11月1日号」に示されている。セ・リーグは10月3～

8日、大阪と後楽園に各4チームを集めた試合を組んだ。大阪は1リーグ時代からの松竹、中日、巨人、阪神の上位チーム。後楽園は大洋、パイレーツ、国鉄、広島の下位の新生4チーム。同年に開場し南海の本拠地だった大阪球場で、これまでなかったセ・リーグの試合を開催する試みでもあった。結果は4日間合計で大阪の入場者数は約9万9千人で売り上げは950万円、後楽園が約8千人で26万円。その差は歴然だった。下位4球団の収入たるや微々たるもので、球場使用料や滞在費などを払うと大赤字だった。しかし例の8球団の分配金の恩恵（このときは約20万円）に与れるわけだ。この仕組みでは上位球団が面白いはずもない。「なぜ俺たちが客も呼べない弱いチームの面倒をみるのか」と不満の対象となり、パイレーツの排斥を柱としたリーグ再編へとつながっていった。

加えてセの球団を悩ませたのが、開幕前に引き抜いた選手の移籍料だった。泥沼となった選手の奪い合いは結局金で解決することになり、セ側が計1050万円を相手球団に支払うことが決まった。このうち阪急から平井正明、永利勇吉らを移籍させたパイレーツは300万円に上った。月賦とはいえ、球団の負担はますます重くなっていた。

シーズン中から絶えなかった西日本パイレーツ解散のうわさは、シーズンオフになると「既定路線」のように書かれ始める。

「ベースボールニュース12月1日号」の特集で、来シーズンの球団数やセ・パ再統合の可能性を予測している。その中でパイレーツは「今シーズン限りで解散するということである」と、〝亡き者〟扱いにされた。もちろんパイレーツが何らかの発表をしたわけではない。同誌12月15日号には、パイレーツの赤字が3千万円（現在なら10数億円）だったとし、それが原因で西鉄クリッパースとの合併を断られたと書く。

西鉄も2千万円の赤字だが「親会社の輸送収入が別途あるので、それ程は苦しくない」という。「給料の遅配が起きた」「入場料を持ち逃げされた」「親会社が不動産を売却した」など根拠不明のネガティブな話が、今も語られるパイレーツとは大違いだ。

一方で西鉄と合併するとの根強い見方も出ている。「野球界12月号」は、両方の本社が近く、幹部同士も仲が良いので「実現する可能性はあるとみられよう」と書く。その上で、西鉄は地元出身選手が多く人気はあるが覇気がいまひとつ、パイレーツは出身大学ごとに派閥があり、チームワークが取れていないと双方の欠点を指摘しながらも「西鉄の守備と西日本の攻撃力を一本にしたら…恐ろしいチームになるだろう」としている。観測気球を上げただけのような印象だが、ポイントは抑えている。

このほかパイレーツは「八幡製鉄の資金導入も外れた」「五千万円の評価で売物に出しているらしい」（1951年「ベースボールニュース1月1日号」）など、解散に向け外堀を埋めるような話が散見される。好き勝手にうわさ話を書き飛ばされているようだが、パイレーツ球団の腹はすでに「西鉄との合併」で決まっていたようだ。しかもシーズン中の9月には。

秘密裏に進む合併計画

西鉄ライオンズを3度日本一に導いた名将、三原脩の生涯を描いた立石泰則の『魔術師三原脩と西鉄ライオンズ』は当時の野球界の模様を、多くの関係者の証言を基に描いている。西日本パイレーツの合併への道のりも故人となった人たちが語っており、今となっては貴重だ。

西鉄ライオンズ時代の三原監督。1950年当時、実権のない「巨人総監督」だった

その中にこんなくだりがある。「(西鉄による)買収工作は成功し、両社の正式契約の調印は昭和二十五年九月に行われた」。立石の記述に従えば、西鉄クリッパースは8月にパイレーツの経営危機を知って買収に動き、シーズン中に会社同士で、パイレーツとクリッパースは合流しますよ、と取り決めたことに

なる。

ただし、この記述は野球評論家の大和球士が1954年の「野球界9月号」に書いた「日本プロ野球風雲録」の内容と矛盾している。大和の記事は、50年夏にパイレーツが西鉄に申し入れたものの「合併は頓挫《とんざ》した」としている。

大和はパイレーツと西鉄双方の合併の「条件」にも触れている。西鉄は、パイレーツが親会社からの借入金3千万を棒引きにしたら合併に応じていいと申し出たが、パイレーツの返事は「選手全員の借金も背負ってもらいたい」だった。このため西鉄は「合併に応じられない」と回答したという。

結局パイレーツはシーズン終了後、西鉄に再度合併を持ち掛け、「どんな条件でもいいから合併したい」と訴えた。以上が大和の書く合併の経緯だ。

『魔術師』にある「シーズン中の正式契約」があれば、いくら秘密にしていても外部に漏れる可能性はある。人の口に戸は立てられない。その場合、野球雑誌に正式な合併をにおわせる記事が出るなど、痕跡《こんせき》は残るはずだ。だけどそんなケースはなかったようだ。

そもそもパイレーツは最後まで球団の維持に努めた。次のシーズンをにらんで、巨人を辞めた三原脩と監督契約も結んでいる。その後の出来事を考えると大和が正しいように思えるが――。実際は、ある策謀が進行していたようだ。

西日本パイレーツと西鉄クリッパースの合併話は、1950年シーズン中に果たして出てきたのだろうか。のちの記事を読む限り、8~9月ごろ何らかの動きがあったのは確かなようだ。では具体的にどんな動きだったのか。

2013年、西鉄球団創設に奔走した中島国彦に取材して当時の話を聞いた。長く西鉄ライオンズの球団職員だった人で、『魔術師』にも登場している。

中島は取材に「8月か9月ごろから金に行き詰まって、(パイレーツ球団の)オオツカさんやヨシウラさんが内情を知らせてきた」と語っていた。両社間で合併(もしくは買収)に話が及んだのは確かだが、シーズン中に表に出ては具合が悪いとの理由で、「(西鉄前社長の)村上(巧児)さんが西日本の選手の給料を払った。会社の経理とは別会計で。会社の経理だとばれてしまう」と証言していた。

西鉄クリッパース創設に奔走した中島国彦。球団職員を経てマツダオート福岡社長

中島が語った通りであれば、こうなる。パイレーツは西鉄に資金援助を申し入れた。これを受けて、西鉄(村上個人?)はシーズン中から秘密裏にパイレーツを資金面で支えた。

それはシーズンオフの合併（もしくは買収）を見越したものであり、「西鉄と西日本で一球団」という「原点」に回帰する動きでもあった。『魔術師』に書かれた「両社の（合併または買収の）正式契約の調印は昭和二十五年九月に行われた」かどうかは分からないが、仮に行われていても少数の関係者のみが知るトップシークレットだったのだろう。野球評論家の大和球士が「合併は頓挫《とんざ》した」と書いたことは表向きの話で、水面下ではマスコミも選手たちにも気付かれないまま着々と準備が進行していた、ということになる。

しかし疑問は残る。パイレーツは西鉄との合併を前提にしていたならば、なぜ最後まで球団を維持しようと懸命になっていたのか。

排斥へと狭まる包囲網

12月に入ると、セ・リーグの主要球団による西日本パイレーツの包囲網が狭まってくる。目指すのは「排斥」だった。

『魔術師』によると、広島を大洋に吸収合併させ、パイレーツを解散させる6球団制の計画が、巨人を中心に持ち上がった。12月中旬にパイレーツと広島を除く6球団による秘密代表者会議が持たれ、選手の配分まで決めたという。経営が不安定で他球団の足を引っ張るパイレーツと広島をリーグから追い出す露骨な動きだった。秘密会議後、巨人はパイレーツの有力選手を引き抜き始めた。「もうパイレーツはつぶれるから」と言って。

6球団制は「球界の盟主」巨人（読売）側の主張だが、パイレーツと広島にとってはまったものではない。経営難を指弾されても、球団創立からまだ1年。パイレーツは水面下で球団持続に向けた取り組みを続けていた。それなのに秘密会議で「仲間外れ」にした上、勝手に消滅させようとするのはルール違反で不遜《ふそん》なやり方だ。

パイレーツにとっては「話が違う」の一語に尽きただろう。2リーグ分裂当時、巨人（読売）は西日本新聞に球団の設立を働き掛けた。毎日新聞が中心のパ・リーグに対抗し、空白地帯の九州に球団をつくりたい、九州で新聞を発行していないのでセ・リーグ報道は西日本に担わせたい――そんな読売の思惑に背中を押され、西日本は単独で球団を立ち上げた。

西日本と読売には浅からぬ縁があったのは確かだ。西日本新聞の前身の一つ、九州日報は一時期読売新聞の経営となっていたことは前述の通りだ。戦後も西日本は読売から記事の配信を受けていた。それが縁となりプロ野球参入の話に乗ったものの、当初は西鉄と組んで球団をつくる計画だった。西鉄と別れても単独球団経営に乗り出したのは、読売を信頼した証左ではなかったか。2階に上げてはしごを外すような読売のやり方に、パイレーツ球団は西鉄とともに対抗策を打ち出した。

ターゲットは「名将」だった。

1950年のシーズンオフ、巨人総監督の三原脩は岐路に立っていた。香川・高松中から早大、そして巨人とエリートコースを歩み、49年、監督として巨人を戦後初の優勝に導いた。40歳を前にして、すでに球界のレジェンドだった。しかし50年は、巨人監督の座にはシベリア抑留から引き揚げてきた水原茂が就いていた。高松商、慶大で三原のライバルだった。49年に水原がシベリア抑留から戻ってくると、三原の采配に反発していた若手選手たちが「監督に水原を」の声を上げた。同年、三原は相手チームの選手を試合中に殴る不祥事を起こし、求心力を失っていた。「水原派」の声に押される形で三原の辞任と水原の監督就任が決まった。50年シーズン、三原はユニホームもベンチ入りもない名ばかりの「総監督」となっていた。

巨人が公式戦を3位で終えた時点で、三原は身の振り方を球団幹部に相談した。「監督復帰」も視野に入っていたのかもしれない。水原もV逸の責任を感じていたはずだ。しかし幹部は水原続投の方針を示し、総監督ポストの廃止も伝えた。「あなたは巨人に必要ない」と言われたのも同然だった。

これと前後して、三原の元に福岡から〝使者〟が訪れていた。

三原は自伝『風雲の軌跡』（ベースボールマガジン社）にこう書く。「私は電話を受けた。相手は川崎徳次君である。ちょっとお話ししたいことがあるという。気軽に承諾した」

川崎は西鉄クリッパースのエースだ。49年、三原の下で巨人優勝に貢献し、西鉄誕生に合わせて故郷の球団に移籍していた。巨人は主力投手の譲渡と引き換えに、読売新聞紙上に「川崎を譲ってくれてありがとう」との広告を西鉄に出すように求めた逸話が残る。

「その川崎君と会った。話はこうである。『いま西鉄は（中略）いい監督を探しているところです。一つ西鉄で暴れてくれませんか』」。

三原は「行こう。九州でひと暴れしよう」と即断したかのように書いている。しかし西鉄監督就任までに紆余《うよ》曲折があった。各球団の思惑と、パイレーツと西鉄の戦略があった。

実際に三原が監督に就任したのは西日本パイレーツだった。

巨人の総監督、三原脩に監督就任を要請したのは西鉄クリッパースのエース川崎徳次だった。川崎は西鉄球団の意向を受けて大役を担っていた。

入団交渉の使者を務めた川崎徳次投手。地元出身の人気選手だった

1954年の「野球界9月号」にプロ野球評論家の大和球士が書いた「日本プロ野球風雲録」には、生々しいやりとりが記されている。

新球団として船出した西鉄クリッパースだったが、苦戦が続いていた。原因はプロ意識の低さだ。ノンプロから来た選手の中には、プライドは高いが成績が伴わない者が少なくなかった。川崎の忠告にも反発し、チームの和は乱れがちだった。

球団幹部の目にも余ったようだ。代表の西亦次郎が川崎に相談を持ち掛けた。「ウチが弱いのはプロ野球のなんたるかを知らない選手ばかり（中略）経験が豊かな監督を連れてきてプロ選手らしく仕上げてもらうことが先決問題」と。

佐賀・鳥栖生まれで久留米商出身の川崎は、地元選手として人気だった。50年8月にはプロ100勝を挙げた実力者で、フロントにも選手にも人望が厚かった。西の「誰かいい監督はいないか」との問いに、「巨人の三原さんはどうですか」「ぼくが話してみます」と胸を叩いたという。川崎は巨人時代、三原排斥に加担していた一方、三原は結婚のときの仲人でもあった。「好きとか嫌いとかじゃなく、西鉄には三原さんのような頭のいい監督が必要だと思ったからね」（『ああ西鉄ライオンズ』）と川崎は回想しているが、是々非々、大所高所で物事に対処できる人だったのだろう。

ノンフィクション作家、辺見じゅん著『大下弘　虹の生涯』（新潮社）に川崎と三原は「三回、四回と会見を重ねた」とある。重要な問題だった。そして三原が西鉄首脳陣と会っていいと川崎に告げたのは「暮れも押しつまった十二月三十日のことであった」と具体的な日にちを記している。

川崎は福岡に戻り、西にこのことを報告すると、西は意外なことを語った。西鉄は西日本パイレーツと合併することが決まったというのだ。

この時期、パイレーツにも新たな動きがあった。

新監督は陸上部の出身

1950年12月24日の西日本新聞朝刊にパイレーツに関する人事の記事が出ている。見出しは「西日本監督に大塚氏」。短いので全文引用してみよう。

「セ・リーグ西日本パイレーツは二十三日小島現監督の勇退を決定、新たに大塚正男氏（早大陸上出身、前西日本新聞運動部長）が監督に就任した」

一読すると疑問符だらけになる。初代監督、小島利男退任のニュースは1行で済ませていいのか。そもそも大塚正男って誰だ。

西日本監督に大塚氏

セ・リーグ西日本パイレーツは二十三日小島現監督の勇退を決定、新たに大塚正男氏（早大陸上出身、前西日本新聞運動部長）が監督に就任した（写真は大塚新監督）

大塚正男の監督就任を伝える西日本新聞の記事

この記事の存在を教えてくれたのは西日本新聞OBの大塚勝一＝福岡市早良区＝だった。勝一は正男の長男である。「パイレーツ誕生とともに新聞社から出向し、一年中チームに帯同していたようです」と振り返った。

陸上で世界大会に出場した実績がある正男だが、野球経験はないという。そんな球団職員が、なぜプロ野球の監督となったのか。鍵は早大の同窓、三原脩にありそうだ。

勝一はこう推測する。チーム力の向上を図る球団は「小島切り」を決めた。成績低迷に加え、采配批判が出るなど選手を掌握できなかった小島の指導力には限界があった。では後任を誰にするか。その候補として三原が挙がっていたのではないか。正男（１９０１年生まれ）は三原（１９１１年生まれ）の大学の先輩だ。正男は「つなぎの監督」となり、球団の顔として三原の入団交渉に当たったのではないか、と。

勝一の推測には一理ある。「つなぎの監督」であれば野球経験は問われない。しかも正男は球団幹部として、西鉄との合併問題に深く関与していたようだ。西鉄の中島国彦に情報提供していたパイレーツの「オオツカさん」は正男のことだろう。西鉄は三原に監督就任を求めて接触していたが、合併が視野に入っているならば、事情をよく知るパイレーツの「監督」が一枚かんでいても不自然ではない。巨人とパイレーツは同一リーグで、２リーグ分裂の経緯から、パ・リーグの西鉄が三原獲得に動くのは障壁が多いと考えたのかも

西日本パイレーツの「2代目」監督となった大塚（大塚勝一さん提供）

しれない。

　しかし正男は三原の監督就任と同時に、パイレーツの消滅阻止にも命懸けで取り組んだ。

　西日本パイレーツ「2代目」監督、大塚正男の息子で西日本新聞社OB、大塚勝一は当時の日記を残している。父である正男が監督就任した12月23日はこう書いた。

「ついに父ちゃんが総監督になった事がラヂオのスポーツニューズの時間で公表。何はともあれラヂオや新聞に名前が出る様になったことは大したものだ」

　当時、勝一は福岡市内の大学1年生。騒ぎに、まんざらではない様子がうかがえる。初代監督の小島利男退任とともに、地元マスコミはこのニュースを大きく扱ったのだろう。

　西日本新聞は正男を「監督」としたが、本当の肩書は勝一が記した「総監督」のようだ。51年の「ベースボールニュース2月1日号」は正男が総監督に就任、清原初男が監督代理として実戦の指揮に当たると伝えた。総監督は巨人の三原脩と同様、背広姿の球団のまとめ役だったのだろう。

　正男が総監督に就任したころ、パイレーツは激動の波に洗われていた。

51年の「ベースボールニュース3月1日号」には合併の経緯を詳しくまとめた記事が載っている。この記事を基に、50年12月の出来事を要約してみる。

球団存続と赤字体質の改善に向け、西日本新聞社やパイレーツの幹部は20日ごろから、地元財界関係者らと連日話し合いを繰り返した。「西日本としてはこの際、自然解消も已《や》むなしと考え」ていたが、地元は「これをよしとせず、再建を促した」。

球団幹部は資金繰りに注力するため21日の代表者会議に上京せず代理人だけ参加させたが、連盟幹部や各球団代表は「西日本は誠意なしと見て、六球団制を主張する空気が俄然《がぜん》強くなった」という。『魔術師』にあるパイレーツと広島抜きの秘密代表者会議は12月中旬に終わっていたのだろう。

そんな中、パイレーツ関係者を激怒させる〝事件〟が起こる。

元旦の読売新聞に激怒

1951年1月1日の読売新聞に「巨人捕・遊を強化／六球団対立？」の見出しで記事が出た。51年のシリーズ展望を装っているが、中身はリーグ再編そのものだった。

記事はこう書く。広島とパイレーツを「切りすてて六球団制とする可能性が多い」セ・リーグの51年ペナントは、1リーグ時代の「（高い）水準にかえることが出来そうだ」。広島もパイレーツも「球団再建には必死だが」「見通しはきわめて暗い」と。その結果、平井正明、日比野武の巨人への「参加が確定的と見られるから（巨人の）弱点も補えるわけで」「緒方（俊明）が復帰すれば投手陣はうんと充実する」と皮算用している。

野球雑誌に載るうわさ話ならともかく、巨人の親会社、読売新聞に出た記事だ。それゆえ衝撃は大きかっただろう。何の断りもなく「切りすて」られた球団幹部だけでなく、協力を打ち出していた地元関係者まで刺激したはずだ。存続に向けた努力がないがしろにされるのだから。

この記事に対する、西日本新聞社長の田中斉之の談話が「ベースボールニュース3月1日号」に載っている。「（親密な関係にある）読売が、それも球団誕生時にあれほど熱心だった読売が、まだ解散とも通告していない」「パイレーツに対して、〝やめてしまえ〟調の記事をもって非紳士的態度に出た」のは遺憾だと、抑え気味に怒っている。その上で「この記事によって、意地でもチームを存続するため、資金を出そうという空気が強くなる」とファイティングポーズを取って見せた。

「非紳士的態度」の相手にどう対応するのか。年明けから田中と西日本新聞取締役の具島勘三郎、パイレーツ総監督の大塚正男たちが会議を重ねた。西鉄との合併が視野には入っていたが、読売の記事でパイレーツとしてのメンツという問題が浮上してきた。誰もプライドを失っていなかった。

西日本パイレーツ総監督、大塚正男の長男勝一は「父はこの時期、ほとんど家に帰らなかった」と述懐する。正男は球団の仕事に忙殺され、福岡と東京を行き来していたのだろう。

「ベースボールニュース3月1日号」に載った、合併の検証記事を参考に正男の足取りをたどってみる。元日の読売新聞「セ・リーグ6球団へ」の記事で、いよいよ球団消滅の圧力が強まったことを受け、正男たち球団幹部は1月10日から4日間、地元有力者たちと最終決定に向けた話し合いを福岡で行った。

地元有力者はセ・リーグが「パイレーツ外し」で一致していると強調し、西鉄との合併を提案した。パイレーツ側は「セでの存続が基本線」と主張し、了承された。ただ存続はパイレーツ単独か、西鉄との合併球団かは表明していない。

正男たちは、今度は九州の炭鉱関係者と交渉して1億円出資の確約を取り付けた。また当面の強化費用を、福岡市出身の実業家太田清蔵が社長を務める東邦生命に依頼する話も進めた。

1月16日、正男は西日本新聞社長の田中、取締役の具島とともに上京し、その足で読売新聞に副社長の安田庄司を訪ねた。安田はセ・リーグ前会長で巨人軍にも強い影響力があった。正男たちは有力なスポンサーを獲得したことを報告した上で、球団存続の意思を伝えた。同時に巨人総監督の三原脩のパイレーツ監督就任を要請した。

17日、今度は巨人代表の宇野庄治に面会し、三原の件を相談した。その後、集まった記者団に「チームの存続を決定。その補強策として三原君を監督に迎えることにしている」と公式に発表したのだった。賽《さい》は投げられた。

三原パイレーツが誕生

巨人総監督だった三原脩は1月18日、東京・銀座の西日本新聞東京支社で田中社長と会見し、西日本パイレーツ監督の就任要請を快諾した。

翌19日の西日本新聞朝刊に三原の談話が出ている。「不遇であった私を拾っていただいた西日本の好意にたいして『士はおのれを知る人のために死す』ということわざのように私は西日本と心中するつもりであくまで西日本パイレーツを盛り立ててゆく覚悟をしている」。泣かせるせりふだ。

だけど何かがおかしい。三原は、川崎徳次を使者に立てた西鉄クリッパースと監督就任の交渉をしていたのではなかったのか。パイレーツ総監督の大塚正男らが巨人側にこの話

監督に三原（巨人軍総監督）就任

西日本パイレーツ　再建工作に乗出す

積極的にチーム強化に乗出した西日本パイレーツは巨人軍三原総監督の監督就任が決定、いよいよ本格的にチームの再編成に着手した、十八日具島西日本取締役は東京木挽町一の瀬で鈴木セ・リーグ常任顧問と会見、再建工作についてて了解を求めた結果、鈴木顧問も了承、ついで西日本新聞東京支社に三原氏を招致して田中社長との正式会談の結果、就任を快諾した

三原監督談　私はプロ野球の底に流れる暗雲にいや気がさし一時は野球から引退しようと考えたが、先輩である田中西日本新聞社長のたっての懇望にもう一度乗出す決心を固めた、社長から経済的にも十分な応援をするから思い切ってやれといわれ、不遇であった私を拾っていただいた西日本の好意にたいして『士はおのれを知る人のために死す』ということわざのように私は西日本と心中するつもりであくまで西日本パイレーツを盛り立ててゆく覚悟をしている

田中社長談　小島君のあとの監督についていろいろ考えていたが巨人軍の三原君がさいわい心よく承諾してくれてこんな喜ばしいことはない、パイレーツの前途について種々世間に伝えられているが、財政面の見通しもついたし、こんどは三原君に一任してチームを再編し、シーズン開幕には強力清新なチームを結成しファンの期待にこたえたい

田中社長（左）と握手する三原新監督＝本社・東京電送

松竹監督に新田氏

セ・リーグの松竹ロビンスは昨年末小西監督が辞任したため後任監督を物色中であったが、このほど野球評論家の新田恭一氏（四六）＝慶大出＝と交渉がまとまり十八日東京の松竹ロビンス事務所で田村会長と二年間の契約を正式に結んだ

含み資産の修正申告

大相撲春場所　五日目　18日

三根山、照に敗る

（中入後）

三原脩監督就任を伝える1951年1月19日の西日本新聞

を持ち掛けて、わずか2日後の出来事だ。「裏」があると誰もが考えるだろう。

ノンフィクション作家の辺見じゅんは『大下弘　虹の生涯』でこう推理した。

パイレーツと西鉄が合併した新球団はセ・リーグ所属を望んでいた。そのためにパイレーツ球団は1月のリーグの代表者会議で存続の承認を勝ち取る。パイレーツがメンツを回復した後、頃合いを見て西鉄との合併を発表する。指揮を執るのは、パイレーツの監督に就任した三原脩だ。両球団はそんなシナリオを描いたのではないか——という見立てだ。

確かに西鉄は西日本新聞と組んで球団創設を目指した49年、巨人と同一リーグを指向していた。合併球団がセに加盟するには、パイレーツの存続が大前提だ。パイレーツも存続することで、非紳士的態度の6球団（特に巨人）に意趣返しした上でプライドが保たれる。三原にとってもメリットは大のはずだ。事実上、自分を追い落とした巨人監督の水原茂の鼻を明かすには同一リーグで叩きのめすほうがいい。日本シリーズでの〝因縁の対決〟は、毎年は実現できない。辺見の見立ては至極妥当に思える。

三原の西日本パイレーツ監督就任は、西鉄との合併球団の新監督含みではなかったか。ノンフィクション作家辺見じゅんの推理には〝傍証〟がある。元セ・リーグ会長が書いた『鈴木龍二回顧録　続』には、「表向き三原君が契約したのは西日本」だったが「すでに西鉄と西日本の間に合併の話はついていた」「（三原が）本当に契約していた相手は西鉄であった」との一文が残っている。辺見の考えは的を射ていたのだろう。

ただ1月18日、三原の監督就任が決まる前、パイレーツ幹部は鈴木を訪ねて再建策を報告し、了解を得ている。この時点で鈴木が西鉄との合併を知っていたとは考えづらい。この一文は、経緯が明らかになって書いた後付けの自慢話の類いかもしれない。

裏側がどうであれ、三原のパイレーツ監督就任は大きな反対はなかったようだ。セ・リーグ幹部だった赤嶺昌志が「それが本当なら、西日本は大丈夫だ」と語った（「ベースボールニュース」3月1日号）ように、好漢・三原の球界復帰は歓迎ムードすらあった。

パイレーツは西鉄とともに描いた「三原監督就任→パイレーツのセ・リーグ残留→西鉄と合併を発表しセに所属」とのシナリオの最後の仕上げに掛かる予定だっただろう。しかし思わぬ展開が待ち受けていた。巨人の主力打者、青田昇が「三原がパイレーツに行くなら俺もついて行く」と移籍を希望したのだ。

歴史を語るとき「たら」「れば」は禁句だが、あえて書きたい。青田が移籍を望まなければ、西鉄ライオンズはセ・リーグの球団になっていた可能性は大だった、と。

7 INNING

合併

選手争奪の渦中にあった日比野捕手（左）は最終的に西鉄入りした。
右は河村英文投手（1954年撮影）

ルール通りに進めたが

巨人の青田昇は「赤バット」川上哲治と並ぶ中心打者だった。主に3番を打ち、1950年は打率3割3分2厘、33本塁打、134打点とチームトップの成績を残した。

そんな青田が西日本パイレーツの監督に就任した三原脩を慕い、移籍を希望した。パイレーツには吉報だが、主軸の流出は巨人にとってはありえない話だ。この問題はこじれにこじれてゆく。

青田は1998年に出版した自伝『ジャジャ馬一代』（ザマサダ）で「50年12月に、巨人退団の腹を決めた三原の誘いに応じて西鉄行きを決意し、51年1月10日に東京で西鉄代表の西亦次郎と選手契約を取り交わした」と書く。だが、これは本人の記憶違いだろう。

この問題が落ち着いた51年4月の「ベースボールマガジン」で、一連の経緯を青田自身が一問一答で語っている。こちらのほうが、記憶は生々しいはずだ。

青田の話を要約する。パイレーツから1月11、12日ごろ移籍の話があった。この時は巨人と契約する意志があった。三原の巨人退団を知ったのは17日だから、三原から「どうのこうの」という話はなかった。

よく考えると巨人の入団時に、ずいぶん三原の世話になった。恩があるので「パイレーツに行こうか」という気になった。三原との間で「来てくれるか」「行きましょう」ということになった。

しかし巨人との契約問題が残っていた。契約では、ある金額さえ返却すれば他球団に行っていいことになっている。その金額を巨人に渡したが、受け取ってもらえない。だからその金を銀行に供託した。

青田は20日、巨人に辞表を出した。巨人代表の宇野庄治は「退団を承認せず」と表明すると同時に、パイレーツに対し三原の監督就任は認めないとの書面を送った。

巨人の中心選手として活躍した青田昇

少なくとも三原の件に関しては、パイレーツにとって寝耳に水の話だった。読売関係者が認めていたのだから、青田の移籍話が出た腹いせに因縁をつけてきた、とも考えられる。

巨人代表、宇野庄治の言い分はこうだ。三原とパイレーツの契約は事後承諾の形で伝えられた。監督の移籍も選手と同様、両チームの代表の承諾がなければならない、と。

1951年1月21日の朝日新聞朝刊に、西日本新聞取締役の具島勘三郎の反論が載っている。「(一月)十六日安田(庄司・読売新聞)副社長、十七日宇野巨人代表、十九日松嶋(鹿夫)セ・リーグ会長、鈴木(龍二)常任顧問、宇野巨人代表と私との会談で了解がついている」。何を今更と言わんばかりだ。

そもそも宇野の主張は、矛盾だらけではないのか。パイレーツ幹部の誰もが思ったはずだ。

青田の問題が持ち上がる前に、巨人はパイレーツの選手の引き抜きを仕掛けていた。外野手の関口清治は50年末に巨人の事務所に呼ばれ、宇野から「パイレーツはつぶれるから」と契約するよう迫られたことを証言している(立石泰則著『魔術師』)。その中には平井正明、南村不可止らパイレーツの中心選手もいた。

関口らはパイレーツと契約中の身だ。もちろん、「両チームの代表の承諾」が得られていたわけではない。青田の契約では一定の金額を払えば、フリーになれるとの項目があった。青田はルールに基づいて手続きし、パイレーツ移籍を進めた。しかし関口たちとパイレーツとの契約に、青田のような条件はついていない。巨人が自分勝手に物事を進めたとしか思えないのだが。

青田は1月23日、パイレーツと正式契約した。

論点はすり替えられた

パイレーツと西鉄との合併のシナリオは、青田の移籍問題で少しずつ狂い始めてきた。1951年1月26日から始まったセ・リーグの代表者会議は、パイレーツのリーグ残留を認めさせる場であったにもかかわらず、本題は青田と三原の移籍の可否にすり替わってしまったからだ。

この日の会議ではパイレーツを代表して、西日本新聞取締役の具島が経営の立て直しを報告し、球団の存続を訴えた。27日の読売新聞朝刊には「今シーズンは従来どおり八球団制でのぞむことに決定」との記事が出ている。

だが「ベースボールニュース3月1日号」に載ったパイレーツと西鉄との合併検証記事では「八球団で行くことになど、何一つ決定していなかった」と記述されている。書いた記者は会議の一部始終を取材し、6球団推進派の横暴ぶりを目の当たりにしていたのだ。

検証記事によると、会議では何も決まっていなかったが、セ・リーグの重鎮、松竹オーナーの田村駒治郎が8球団制を勝手に〝宣言〟した。会議の途中、ニュース映画の取材に「今年も八球団でやって行く」と語ったのだ。

その後、会議で青田問題が取り上げられると、田村は「ニュース映画で八球団で行くと語った以上（中略）青田を一度巨人に返し、それから宇野（庄治）君と話合ったらどうだ」と具島に迫った。青田さえ返せば三原は何とかなるとも語ったという。

セ・リーグ顧問の鈴木龍二も同調した。リーグに残りたければ青田を手放せと、寄ってたかって圧力をかけられたのだ。

具島も黙ってない。「青田問題より前に、西日本の選手と仮契約した球団がある。その問題を先にやるべきだ」。暗に巨人を批判し気骨を見せたが、同調する者はなかった。

青田選手・西日本へ

〝三原監督と共に戦う〟

青田選手

さきに読売巨人軍にたいし辞表をだしていた青田昇選手は二十三日西日本新聞社東京支社で三原監督立会で具島取締役との間にパイレーツ入団の正式契約書に調印した

青田選手談　わたくしの野球生活の中でこんど西日本の監督になられた三原さんにはたいへんやっかいになっているので行をともにすることを決意し西日本パイレーツと契約した、これからは勝負師的な大胆な戦術を秘める三原監督のもとに再建西日本パイレーツのため力一ぱいの勝負を相手にいどむ決心である

阪神に三選手新入団　セ・リーグ阪神軍は二十三日つぎの三選手の入団を発表した

△投手上滋秀人（二五）鐘紡丸子 同赤松郁（一八）洲本實業△内野手齊木修（一八）徳山高校

青田選手と西日本の契約を伝える1951年1月24日の記事

1951年1月27日、前日に引き続き行われたセ・リーグの代表者会議に巨人代表の宇野の姿はなかった。議題の中心、青田の移籍問題は一方の当事者が不在のまま進められた。

宇野が欠席したものの、6球団制をもくろむ球団の代表たちは「西日本パイレーツは青田を巨人に返せ」と主張し続ける。前日、西日本新聞取締役の具島勘三郎は「巨人にこそ非がある」と訴えた。しかし、この日は議論の相手がおらず、「社長と相談の上で回答する」

と言って中座した。

「ベースボールニュース3月1日号」の検証記事によると、具島は社長の田中斉之を探し回ったが、行方が分からず連絡が取れなかった。議場の代表者たちは、具島を待ちくたびれて「西日本に誠意なし」として散会することになった。具島が戻ったときには、議場には誰も残っていなかったという。

翌28日は日曜日。代表者会議はなかった。ようやく田中と会えた具島は、こう命じられた。「あくまで正しいことならやり抜け、それが通らねば離京する」と。

青田はルールに従い違約金を支払い、フリーとなってパイレーツと契約した。巨人は「パイレーツはつぶれる」と言って契約が残っている選手を引き抜こうとした。どちらが正しいのか。具島は29日、再開した代表者会議に臨んだ。

この日も宇野は欠席した。午前中は青田問題をめぐる議論が交わされたが、宇野抜きで事態が進展するわけはない。結局、セ・リーグ会長の松嶋と日本野球連盟社長の田村（松竹オーナー）に一任し、結論を30日に持ち越すことになった。この2人は巨人に近い立場だ。「正しいこと」が通らないと感じた具島は、席を蹴って退場したという。

セ・リーグの代表者会議が流会した1月29日夜、都内某所にパイレーツと西鉄クリッパースの幹部が顔をそろえた。「ベースボールニュース3月1日号」によると、出席者はパ

外務省出身の福島慎太郎は毎日オリオンズ球団社長を経てパ・リーグ会長に就任

イレーツ側が西日本新聞社長の田中、取締役の具島、西鉄側は上京してきた社長の野中春三、球団代表の西亦次郎だった。パ・リーグ会長の福島慎太郎もいた。

席上、具島は代表者会議での議論の推移を説明した。青田の移籍を含め「正論」が一切通らないことを伝え、西鉄に対し正式に合併を申し入れた。その上で合併球団がパ・リーグに所属することを福島に伝えたところ、「まったく同情にたえぬ。お引き受けした」と快諾を得たという。

具島は総監督の大塚正男を呼び、選手たちに動揺を与えないよう指示した。球団の行く末が正式に決まった夜となった。

各球団の代表にパイレーツの存続を認めさせた上で、西鉄と合併し、セ・リーグに所属する。当初描いたシナリオは崩れた。だけど、もう一歩も引けない。

30日午前11時半、具島たちは東京・築地の松竹ロビンス事務所にセ・リーグ会長松嶋と日本野球連盟社長の田村を訪ね、脱退を宣言した。脱退宣言書にはこう書かれていた。

「西日本としては譲るべきは譲ってリーグ内の円満を期する態度をとってきたが、諸般の状況を考え、このうえセ・リーグの圧迫にたえられないのでセ・リーグを脱退することに決定した」。決然としていた。

その後、具島たちは西鉄幹部と落ち合い、両球団の対等合併、新球団はパ・リーグに加盟することを発表した。セ・リーグ会長の松嶋は急きょ福島と会見し、パイレーツ脱退を認めた。この時点では確かにそうだった。

脱退なのか除名なのか

西日本パイレーツがセ・リーグに脱退を届け出た翌日、1月31日の西日本新聞朝刊は「西日本・西鉄 両球団合併／セ・リーグを脱退パ・リーグへ」の見出しで大きく報じた。記事には脱退発表までの30日の模様と、関係者の談話が書かれていた。

西日本新聞取締役の具島は、合併決定を受けて「チーム編成は三原君が着々と進めており」「強チームとしてファンの期待にそいたい」と語った。西鉄代表の西亦次郎もパイレーツの脱退に、「喜んで合併の申入れをお受けした。こんご両社が手をとり日本プロ野球の発展に寄与したい」と義理堅いところを見せた。

地元関係者のコメントもある。福岡最大の百貨店、岩田屋社長の中牟田喜一郎は「両方のよい所をとってやっていただきたい」とし、福岡市長の三好弥六も「合併大賛成です。

西日本・西鐵
兩球團合併
セ・リーグを脱退パ・リーグへ
チーム編成進む
セ側、強い壓迫
折衝に折衝を重ね
手を取ってプロ野球発展へ
合併は全く適法
やむを得ない
脱退声明書
脱退まで
二十四年前の
あのころは

西日本と西鉄の合併を伝える1951年1月31日の記事

福岡市民も喜ぶことでしょう」と答えている。

談話では、中牟田も三好も「福岡に2チームは無理」と口をそろえていた。人口40万人都市の〝適正規模〟は誰もが分かっていたことだった。市民が一つになって応援できる球団の誕生は歓迎されたようだ。

だが同日の読売新聞朝刊は伝え方が異なる。見出しは「セ・リーグ、西日本を除名」。30日午後、パイレーツ抜きで開いた代表者会議で除名が決まったことを報じている（脱退の一報は30日夕刊に掲載）。パイレーツの脱退ではなく、リーグとしての除名なのだ。意地でもパイレーツの思い通りにさせないつもりだ。

さらに同紙でセ・リーグ会長の松嶋鹿夫は、リーグを除名された球団は他リーグに移れないとする50年末の決議を基に、パイレーツは「決議の主旨に反し真義に背く」との談話

を出している。西日本新聞に載った「事態がここまできたからやむをえない」とのコメントとは180度違っていた

代表者会議での一方的な「除名」に対し、パイレーツは黙っていない。

パイレーツ脱退の眞相
解せない巨人の態度
規定違反は果して誰か
死傷14名
追込まれた完
今さら

セ・リーグと巨人の「非道」を訴える1951年2月1日の記事

2月1日の西日本新聞朝刊に「パイレーツ脱退の真相」の記事が載った。いかに6球団推進派が理不尽でひどい仕打ちをしたか、内幕を暴露した。

いわく1950年末、パイレーツ総監督の大塚正男が、巨人代表の宇野庄治に「西日本は1年休業せよ。選手は各球団で預かる」と威嚇《いかく》された。巨人は「西日本はつぶすから来い」とデマを飛ばし、パイレーツの選手と仮契約した。このことは、いつでも証明できる。

三原脩との契約で、宇野は球団やリーグの幹部とともに承諾したにもかかわらず、「契約は

無効だ」と言い出した。巨人軍の意図は不可解だ。

まだ続く。青田昇との契約はルールにのっとって行った。その際、巨人の宇野に面会を求め球団事務所も訪れたが、拒否し続けた。代表者会議で田村駒治郎は「青田との契約は球団規定違反」と主張したが、パイレーツ側に「規定の根拠となる代表者会議の記録を出せ」と求められると出せなかった。

1月29日の代表者会議後、田村とセ・リーグ会長の松嶋鹿夫に「西日本が（巨人に）屈服しなければ球団の存立も保障しがたい」と言われた。これに対し、明らかな巨人の非を申し立てたが結局うやむやにされた。

そして、「すでに脱退通告して所属を離脱した西日本の除名は無意味である」と結論付けた。

以上はパイレーツ側の一方的な言い分かもしれない。ルールの解釈次第で巨人側こそ正しいとする見方もあるだろう。だけど、ここまで脱退の背景を赤裸々に書かせたセ・リーグの圧迫のすごさがにじみ出ているのではないか。

宙に浮く選手の所属先

西日本パイレーツは西鉄クリッパースと合併し、パ・リーグ所属となった。書けばそれだけのことだが、物事は簡単に終わらない。難題は所属選手の行き先だった。

現在であれば、パイレーツと契約している選手は西鉄との合併球団に所属すると考えるのが普通だろう。だが当時、プロ野球協約に基づき選手が球団と交わす統一契約書は存在しなかった。選手と球団との明確なルールがないから、自分勝手な解釈がまかり通る。青田昇がパイレーツと契約したとき、巨人が「両球団の代表の合意が必要だ」と言いながらパイレーツの合意なく選手を引き抜いたのは好例だ。

しかしルールが曖昧《あいまい》である以上「やったもん勝ち」ではあった。パイレーツは草刈り場となった。

1951年2月2日の読売新聞には、永利勇吉は国鉄と、緒方正明と木村保久は大洋と正式契約したと報道されている。別の記事では平井正明、南村不可止、日比野武はセ・リーグへの残留を強く希望していると書く。

『日本プロ野球トレード大鑑』（ベースボールマガジン社）によると、パイレーツのスカウト宇高勲は、有力選手を東京の宿舎に缶詰めにして巨人の「魔の手」から逃れようとした。好福岡に移動するとき東京駅の人混みで平井とはぐれ、巨人側に連れ去られてしまった。好人物の南村は巨人に口説かれて「うん」と言い、三原に説得されて「うん」と言い、二重契約になってしまったという。

海賊なのに何も奪えず、大切なものを次々と奪われてしまうパイレーツだった。

西日本パイレーツのセ・リーグ脱退の引き金となった、青田昇の移籍問題はその後どうなったのか。51年の「ベースボールマガジン4月号」に、青田のインタビューが出ている。それによると、パイレーツと契約した直後、青田は1月28日に行われる法事のため関西の実家に帰った。マスコミや巨人関係者の目から逃れる目的もあった。しかし「青田問題」をめぐる騒動の話は、いやでも耳に入ってくる。セ・リーグの代表者会議で、まさに移籍の可否が議論されていた時期だ。26歳の青年は、自分の行動が「問題を大きくし、それがひいて日本野球の発展を阻害するような結果になるのではないか」と思い悩み始めた。

そこに矢が放たれた。日本野球連盟関西支社の幹部たちが青田の元に押し掛けてきたのだ。巨人に戻らないと「『選手資格を剝奪され、プロ野球界から永久追放の処分を受けかねないよ』と脅された」（青田昇著『ジャジャ馬一代』）。

指示を出したのは、セ・リーグ顧問の鈴木龍二だった。「（青田を）連盟の関西支社長の小島を使って探し出して連れ戻した」と『鈴木龍二回顧録　続』に書く。動揺した青田は「巨人に帰ったら、一番早く、うまく、スムースに事柄が解決する」（「ベースボールマガジン4月号」）と考えるようになった。

のちに32年にわたってセ・リーグ会長を務め、巨人に尽力した鈴木龍二

2月5日、青田は東京へ戻った。読売本社の前で鈴木が出迎え、「君はやはり巨人の人間だ」と声を掛けた。リーグ顧問がわざわざ1球団の1選手のために来ていたのだ。巨人代表の宇野庄治、監督の水原茂らも待ち構えていた。そのとき撮られた写真を見て、青田は「何ともさえない表情をしている」と振り返る。果たして「裏切り」を悔恨《かいこん》していたのだろうか。

青田復帰を画策した鈴木は「読売・巨人のために働くことで、プロ野球を生きてきた」（立石泰則『魔術師』）と評されている。1978年、「空白の一日」を使い、江川卓が巨人に強行入団しようとした「江川事件」の時のセ・リーグ会長も鈴木だった。

最後はGHQの威光で

西日本パイレーツの所属選手はどこに行くのか。パ・リーグ会長の福島慎太郎は「西日本と西鉄の合併は、西日本の選手を西鉄が引き継いだから、法律上西鉄所属で問題はない。球団を除名しておいて、選手だけ置いていけというのは財産権の侵害だ」と訴えた。セ・

リーグ会長の松嶋鹿夫は「選手の保有権はリーグにある。リーグ内で選手がどの球団に行こうと自由である」と主張した。このままでは議論は平行線のままだ。妥協点を見いだすために、両会長の会談で決着を目指す流れとなった。

双方の言い分には一応、論拠があった。「ベースボールニュース4月1日号」にある合併問題の検証記事「日本野球を背負うもの」の筆者、吉田要は冷静に分析している。論拠となるのは暫定の野球協約である。この時、GHQの要請で作成していた正式な野球協約は発効前で（発効は51年6月）、暫定版はあくまでも各球団の「申し合わせ」であった。

吉田は次のような主旨で書いた。第8条には「球団規定の条項は変更された事情に適用して、適用及び解釈される」とあり、福島はこれに従って主張している。この場合の変更とは、西日本と西鉄の合併を指す。一方、第9条は「両リーグに亘る移籍の可否は、コミッショナーがこれを決定する。コミッショナーの就任するまでは、両リーグに亘る移籍は原則として許されない。但し事情止むを得ざる場合は両リーグ会長協議の上決定する」となっており、パ・リーグ側の行動は拙速と取れる。吉田は「ここに両会長の会談の成行きが注目され、ひいてはそれが日本野球の運命にも及んでくるのである」と指摘した。

移籍問題の渦中にいた清原、平井、日比野、永利、田部、塚本、関口の7選手は2月13日、いったん全員がパイレーツにとどまり、所属先は会長会談に一任するとの声明を出し

「さえない表情」の青田選手（右から5人目）を迎える巨人球団幹部ら（ベースボールマガジン）

た。声明文ではパイレーツの合併によって発生した所属先問題の混迷をファンにわびた上で、引き抜き合戦が横行する現状では解決策が見いだせないことを憂い、「所属球団に復帰することにより、両リーグ間の円満なる解決をみることができると思いました」と決断の理由を説明している。

　とはいえ、ルールをいいように解釈し合う状態で両会長が話し合っても妥協点が見いだせるとは思えない。そもそもセ・リーグ顧問の鈴木龍二は回顧録で、パイレーツと西鉄の合併を見越して、セ側は選手の保有権をリーグのものにしようと根回しし、「合併が明らかになった場合、平井、南村、日比野など（中略）セ・リーグへ取ろうとすでに画策」していたと書いている。最初から結果は見えていた。鈴木の行動は巨人への利益誘導のように映ってしまう。

大方の予想通り、会長会談は決裂した。19日、セ側が「パとの友好関係を継続できない」と打ち切りを通告したのだ。セ側は「合併そのものが無効であり、悪質な選手の集団引き抜きだ」と言い、パ側は「セ側が会談を一方的に打ち切ったので、選手たちは13日の声明通りパイレーツと行動し、西鉄に合流する」と主張した。このため予定されていたセとパの球団が対戦するオープン戦が、1試合を除きすべて中止される事態となった。

秩序なき泥沼状態に突入してしまいかねないプロ野球に、時の氏神は意外なところから現れた。24日、事態を見かねた連合国軍総司令部（GHQ）のマーカット少将が「選手の所属をはっきりせよ。きちんとルールを作れ」といった内容の声明を出したのだ。この時代、GHQの指示は水戸黄門の印籠《いんろう》より影響力がある。

再度、両リーグで話し合い、平井と南村の巨人移籍、青田昇の巨人復帰、緒方俊明、日比野らその他のパイレーツ選手の西鉄所属などが決まった。どう見ても巨人に有利な「結論」だ。パイレーツとしては、「印籠が出てきたのになぜ正義が敗れるのか」という心境ではなかったか。

ともあれ西日本パイレーツという球団は姿を消し、新球団の姿形が明確になった。

8 INNING

後継

西鉄の球団社長を長く務めた西亦次郎は合併を推進した。
左は監督時代の川崎徳次

西鉄ライオンズの誕生

新生西鉄球団は三原脩が総監督となり、クリッパース監督だった宮崎要が監督に就いた。その始動は、両リーグの会長会談が行われる前日の2月18日だった。17日に福岡入りした三原は旧パイレーツの清原初男、永利勇吉、塚本博睦、関口清治、重松道雄、田部輝男とともに香椎球場でキャンプ中の旧西鉄チームと合流し、早速練習に臨んだ。三原は「(野球王国の) 九州を背景としているだけにやりがいがあり、今明年のうちにはペナントをもって帰りたい」と抱負を語ったが、まだ会長会談で選手の帰属の結論は出ていない。平井正明と日比野武は福岡に戻っておらず、三原も「どんな結論がでるかわからないが私は会長会談が (中略) 公平な裁定を下すことを期待している」と不安を隠しきれない様子だった。

そんな新球団に「顔」が生まれたのは、「三原丸」が船出した10日後、2月28日だった。市民に公募していた球団のニックネームがライオンズに決まったのだ。以来、70年親しまれるこの愛称は5万3千もの応募の中から選ばれた。西日本新聞取締役の具島勘三郎は「獅子は百獣の王でありプロ野球の王者たらんとする新球団のニックネームにふさわしくまた少年ファンにとって、もっとも親しめる名前である」とコメントしている。

ただ1年前のパイレーツの愛称決定の報道と比べて、ほかの候補が紹介されていないのは残念だ。福岡県内で起きた天然痘の大流行の記事に押されて紙面にスペースがなくなった可能性はあるが。文芸評論家で野球評論も手掛けた大井広介が書いた1951年の「ベースボールマガジン5月号」の記事に「二人手をとりというわけで『アベック』というのが、あったというのは感心した」とある。だが、それ以外の名前は挙がっていない。確かに「西鉄ライオンズ」の語感と音の響きは、何にも代えがたいと思える。

ライオンズの愛称決定で思わぬ役得があった。ライオン歯磨（現ライオン）が「ライオンつながり」で宣伝のタイアップを申し出てきたのだ。ライオン歯磨は球団歌「西鉄ライオンズの歌」を贈った。作詞サトウハチロー、作曲藤山一郎で、70年たった今もファンに歌い継がれる〝名曲〟となっている。

西鉄クリッパース監督の宮崎要はライオンズでヘッドコーチ的立場となった

球団旗も贈られたようだ。大井広介の同じ記事が触れている。「ベースボールニュース4月号」には、パ・リーグが西鉄の愛称変更で球団旗を作り直す必要があるとのコラムが載っている。それによると、前年にリーグが7球団分作ったのに80万円かかった。ライオンズ分だけでも10万はするので頭が痛いという。この費用をライオン歯磨が持ってくれるなら、リーグも球団も万々歳というところだろう。もっとも球団旗のデザインは、クリッパースと書かれた部分をライオンズに変えただけのような気がするが。

ニックネームの公表と同時に、西鉄ライオンズの新陣容も発表された。三原脩総監督、宮崎要監督以下、元パイレーツでは投手で緒方俊明、野本喜一郎、久喜勲、重松は投手兼2軍コーチとなった。捕手は日比野、内野手は手代木、外野手が永利、田部、塚本、関口が登録されている。割合としては元クリッパースの選手たちが多く、パイレーツは西鉄に〝吸収〟合併されたとの印象が強くなっている。

一時期監督代理を務めた清原の名前がないのが不思議だ。1951年の「ベースボールニュース4月号」では「西日本選手団正式に契約完了」の短いニュースの中で、2月23日に大半の選手が（いったん）西日本球団と契約する中、清原は唯一態度保留で未契約と報じられている。この影響なのか。ただ開幕前の「ベースボールマガジン5月号」の選手名鑑には、ちゃんと名前を連ねている。

海賊たちが中心を担う

1951年シーズンに臨んだ新生西鉄ライオンズだが、開幕前の評価はどうだったのだろうか。「ベースボールマガジン5月号」の展望記事「覇権はいずこへ？」は「第三位へは躍進できそうだ」と予想する。川崎徳次、武末悉昌、緒方がいる投手陣は「大体良しと見る」が、「外野守備力が安心できない」。打線は「水準に達した選手は多いが（中略）安心感のある中心打者が欠けている」と高い点は与えてくれない。合併球団とはいえ前年セ6位、パ5位のチーム同士だ。実績のある毎日、南海と互角以上に戦うには三原の采配次第との見立てには説得力があった。

迎えた3月31日の開幕戦。舞台は平和台、対戦相手は優勝候補の筆頭、南海だった。ライオンズの先発はアンダースローの武末。スターティングメンバーに名を連ねた元パイレーツ選手は、左翼永利、捕手日比野、中堅塚本博の3人だった。クリッパース色が強かった。武末は粘り強い投球をするも、6回表に山本（鶴岡）一人のソロを被弾、8回表にも連打を浴びて2失点と主導権を渡してしまった。打線も南海先発江藤正（晴康）を打ちあぐね、8回裏に日比野の適時打で1点を返すのが精いっぱい。1－3で敗れ、新生球団は白星スタートとはならなかった。元パイレーツ戦士は、清原と関口、田部が途中出場したがヒットは出なかった。

ライオンズ初白星は2カード目、4月13日の大映戦だった。途中出場の関口が2ラン本塁打を含む2安打4打点と打線を引っ張り、チームも9盗塁と機動力を得点につなげた。

投げては野口正明が大映打線を6安打に抑え、7―2で完投勝利を収めた。

これで乗っていけると思われたが、思うように勝ち星が積み上がらない。4月終了時点で3位、5月は7連勝があって2位となったが、6月の終わりは再び3位に後退した。首位を独走する南海とのゲーム差は開いていくばかりだった。「ベースボールマガジン8月号」で大和球士は「荒っぽい」と評している。大量得点で勝ったかと思えば、翌日はさっぱり打てずシャットアウト負けする。「試合毎に調子が変わる。好、不調の波が激しい」と安定感のなさを指摘している。

原因の一つは打線が固定できなかったことだろう。4番だけ見ても深見安康、小田野柏、永利、日比野、田部ととっかえひっかえ起用している。8月30日の近鉄戦では投手登録の川崎が一塁手として4番に座り、1安打を記録した。やはり中軸が定まらない打線のチームは強くはないというセオリーは生きているようだ。

ライバル南海に勝てず

もう一つの要因が、南海に勝てないことだ。開幕戦で江藤に抑えられて以来、連敗が続いた。武末、緒方、川崎のエース級を投入しても壁は崩せず、6月終了時点で7敗3分とカモにされていた。南海は選手兼任の山本一人を中心に、蔭山和夫、木塚忠助ら機動力ある打者がそろい、投手陣も江藤、柚木進、中谷信夫の三本柱が安定した投球を続け、エース格だった中原宏の出遅れをカバーしていた。開幕から首位を堅持し、6月末時点で2位毎日に9ゲーム差をつける独走状態だった。

対南海戦の初勝利はシーズン半ばの7月29日まで待たねばならなかった。「ベースボールマガジン10月号」では、この試合をドキュメント風にまとめている。担当記者に「今日こそ勝てるか?」と水を向けられた宮崎要監督は「もうアキマヘン。絶対に負けですな」とヘンな関西弁で答えながら「今日の南海はダブルヘッダーで、体力的に大分ハンデがあると思う」と期待する。変則日程で、南海は阪急との第1試合に6—3で勝った後、ライオンズの挑戦を受けた。ライオンズ先発は予想外の野本だった。武末が捻挫《ねんざ》、川崎が腹痛でベンチを外れ、緒方も前日先発していた。大方の予想は野口だったが、ベンチはシーズン未勝利だった野本に託した。

野本は2回、飯田徳治の二塁打で先制点を奪われるが、4回には一死一、三塁のチャンスに野本自身が南海先発の江藤から右前打を放って同点に追いつく。2—2の6回には代打清原の適時打と野選で2点を勝ち越した。野本をリリーフした野口が、味方の好守に助けられて南海の反撃を1点に抑えて4—3で勝利をもぎ取った。試合後、選手たちは「良かった、良かった」を連発し、三原総監督も「今日のゲームはバッテリーで勝ったようなもの」とご満悦だった。殊勲の勝利投手となった野本は「南海の人達にはことしはじめてで、余り慣れられてなかったのが有利でした」と謙遜してみせた。勝利への執念を見せたライオンズだったが、次の8月1日の試合では南海・柚木の好投で1－2と返り討ちにあい、シーズン終了までもう1勝するのが精いっぱいだった。

黄金期見据えた補強へ

首位南海の背中はどんどん遠ざかる中、ライオンズは2位の座をめぐって熾烈《しれつ》な争いを続けた。6月以降、前年優勝の毎日が2位をキープし、ライオンズが追う展開になっていた。8月終了時で毎日に4ゲーム離されたライオンズだったが、9月は12勝5敗1分、10月は3勝1敗1分とラストスパートをかけ、失速した毎日（9月7勝11敗、10月0勝3敗2分）を抜いてシーズン2位となった。前年の5位から躍進を見せた。

打撃陣で気を吐いたのは元パイレーツの選手たちだった。関口が打率2割8分5厘で16本塁打（それぞれリーグ13位、3位）、永利が2割9分4厘で14本（同9位、6位）と中軸の役割を果たした。打率2割7分の日比野は、2度のサヨナラ本塁打もマークして強打の捕手として活躍を見せた。元クリッパース勢では宮崎、今久留主淳の1、2番コンビが機能し、規定打席不足ながら千頭久米夫、新留国良、小野田らが3割近い打率を残した。

投手陣に目を向けると、4人の10勝投手が誕生している。野口13勝8敗、川崎12勝9敗、緒方11勝8敗、武末11勝7敗。チーム防御率2・75はリーグ2位とまとまっていたが、4本柱に次ぐのが野本の4勝と層の薄さが指摘された。緒方はリーグ最多の46登板と先発にリリーフにとフル回転したが、前年（20勝）から勝ち星を減らした。

三原総監督は、評論家の大和球士にシーズンを総括してこう語っている。「二位で惜しかった、と云う人もあるが、私はこのチームは優勝出来るチームとは思っていない。この顔触れは何年やっても最高が二位だ。それも優勝チームとは明確な一線をしかれている二位だ」（1955年「野球界5月号」）。首位の南海に18・5ゲーム差を意識した発言だろう。「優勝チームは優勝チームの骨組みがあるものだ。その骨組みをなす柱

1951年パシフィック・リーグ最終成績

順位	球団	勝	負	分	勝率	差
優勝	南海ホークス	72	24	8	.750	―
2位	西鉄ライオンズ	53	42	10	.558	18.5
3位	毎日オリオンズ	54	51	5	.514	22.5
4位	大映スターズ	41	52	8	.441	29.5
5位	阪急ブレーブス	37	51	8	.420	31.0
6位	東急フライヤーズ	38	56	8	.404	33.0
7位	近鉄パールス	37	56	5	.398	33.5

が一本もない。柱を一本一本運びこんで骨組みを作ってそれから優勝だ」

自チームへの批判ともとれる談話で、大和も取材直後にはこの話を表には出していない。だが三原が強いチームづくりへ飽くなき野望を燃やしていることがよく伝わる談話ではある。

三原ライオンズはシーズンオフから東急の強打者、〝青バット〟大下弘の争奪戦に参画し、同時に高松一高の〝怪童〟中西太の入団交渉に全力を注いだ。柱づくりを急いだのだ。52年シーズン中には、福岡・板付の米軍基地にいたワイヤット内野手とオニール投手を迎え入れ、ハワイ出身で日系2世の内野手八道勉も獲得している。チームの成績には直結しなかった（52年は3位）ものの、三原の強いチーム作りへの信念が垣間見えるエピソードだ。

こうして考えると、西鉄ライオンズの1951年シーズンは、パイレーツとクリッパースの色を混ぜ合わせながら、黄金期に向けた新しいチームカラーを探り続けた1年だったといえる。

9 INNING

証言

「フォークボールの神様」と呼ばれ、史上初の沢村栄治賞3回受賞者である杉下茂

風向きで急きょ先発に

「フォークボールの神様」、元中日ドラゴンズ投手の杉下茂さんに2019年9月、インタビューして西日本パイレーツの思い出を語ってもらった。今、パイレーツの元選手や関係者の肉声を聞くことは難しい。しかし直接対決した杉下さんの記憶は鮮明だった。選手のこと、チームのこと、球場のこと、そして「あの一戦」。70年前の出来事を、昨日のことのように振り返った。

――西日本パイレーツを覚えていますか?

「西日本パイレーツ――。プロ野球が2リーグになったとき、1年だけあった球団ですね。西鉄と合併してライオンズとなったチーム。覚えています」

――1950年、杉下さんはプロ2年目。ルーキーイヤーは8勝止まり(12敗)でした。

「1年目は、何かあると『スギ行け』と先発、リリーフと関係なく登板させられました。何しろ当時の中日は一塁の西沢道夫、外野の坪内道典、杉山悟以外はみんな、明治大学の先輩でした。天知俊一監督も明治出身。私の高校時代(旧制帝京商業)の監督でもありました。とてもとても、いやとは言えません。そのうち5月に肩を痛めまして、4カ月くらい休んでしまったのです。2年目もその影響でキャンプ中はノースローが続き、ボールに触れるのも球拾いのときだけ。ようやく3月にピッチングをぼつぼつ始めました」

――パイレーツとの初対戦は3月22日、桐生（群馬）での試合。先発して3－0で完封勝利しています。

「その日は、近藤貞雄さんが先発予定でした。実際に球場に来てみると、風がセンターからホーム方向に吹いているんです。近藤さんはけがの影響もあってパームボールの使い手でした。でも追い風では球が変化しない。急きょ『スギ行け』となった。私はストレート主体だったので、追い風は好都合だったのです」

――パイレーツ先発は野本喜一郎投手。

「引退後、埼玉の高校野球で監督として活躍されたことを覚えています。のちに中日に入団する牛島和彦が浪商時代、夏の甲子園で劇的勝利を挙げた試合がありました。9回2死まで劣勢に立たされて、そこから同点に追いついて最後はサヨナラ勝ち。そのときの対戦相手、上尾高の監督をされていたのが野本さんでした。何度も上尾を甲子園に導き、ベスト4にも進んだことがあります。そうそう、

抜群の記憶力で西日本パイレーツの思い出を語る杉下（2019年9月撮影）

野本さんといえばこんなことがありました」

――パイレーツ時代の思い出ですか？

「そうです。佐賀に遠征したとき、野本投手から満塁本塁打を打ったのです。セ・リーグ投手の初の満塁本塁打でした」

――4月21日の祐徳国際グラウンド（佐賀県鹿島市）での試合。12対1で大勝し、完投勝利を挙げています。

「そう、その試合です。泊まったのは武雄温泉。野本さんのストレートを打って、ライナー性で左中間に放り込みました。私にとっても第1号だったので記憶に残っています。でも私は大学のとき、21歳で投手に転向するまでファーストで4番だったんですよ。中日に入団しても、投げないときは代打で待機していたのです。若いころは投げない日の『上がり』はなかった。すぐに投手一本になったのですが、入団時は投打二刀流でした。それにしても祐徳とは、懐かしいねぇ」

空腹忘れた九州は天国

――なぜです？

「明治大のころ、遠征で九州によく来ていて祐徳でも試合していました。杵島炭鉱のチームなどノンプロとです。戦後間もない食糧難の時代です。大学ではろくすっぽ飯が食べられない。どんぶりにわずかな雑炊が入っていて、それが食事のすべて。だけど九州へ行って野球をやれば、温泉に入って白米が腹いっぱい食べられた。天国ですよ」

——大学が九州に呼ばれて試合をしていたのですか。

「当時、野球でもっとも人気があったのは東京六大学。その次が都市対抗の社会人、そして高校野球と続く。職業（プロ）野球は一番下でしたね。六大学は神宮が満員札止めとなる中、プロは数千人程度。第一、神宮でプロ野球はできません。アマとプロとでは格段の差がありました。野球をやりたければ大学を出て大会社に入ってそこでやる。プロではない。悪いことしなければ、プロより長くできましたからね。給料だって、今とは違ってプロはそこまで多く出してくれない。みんなそう思っていました。だから六大学と社会人との試合はどこへ行っても人気でした。九州へもよく呼ばれて、祐徳で杵島炭鉱のチームと試合した後、米一俵もらったのを覚えていますよ。東京へ持って帰って、大学の合宿の貴重な食糧になりました」

——社会人との試合で覚えていることは？

「のちにパイレーツでプレーする何人かの選手とも、大学のころ対戦しています。パイレーツができたとき、『いいメンバーがそろったな』と思ったのは、ノンプロとの試合の印象が強かったからだと思います。炭鉱のチームや門鉄（門司鉄道局）、八幡製鉄、（ノンプロの）西鉄と九州には強豪が多かった。福岡に泊まって、トラックに乗せられて各地へ行ってました。8月の九州遠征で、9日間で10完投したときがありました。炎天下ですよ。腕を磨かせてもらいました。本当に九州は野球が盛んで、プロ球団ができたのも当然だなと思っていました」

フォークは投げてない

――パイレーツの打者で今も思い浮かぶ人は？

「1番を打った平井（正明）さんが懐かしい。明治大の先輩ですが、私が高校（旧制帝京商業）のころ、明治の野球部の人たちと指導に来てくれていろいろと教わった。フリーバッティングも手伝ってもらいました。お世話になっただけに、パイレーツ時代は放りづらかったですよ。それが西鉄との合併騒ぎの後、こともあろうか巨人に入って。ずいぶん困らされました。平井さんと一緒に巨人に移籍した南村（不可止）さんも懐かしい。カーブを打つのがうまいバッターでした。ただ南村さんに限ったことではないですが、カーブ打ちがうまい選手には初球からカーブを投げた。すると初球から打ってくれるものです。ヒットになる確率は10打席中、よくて3打席。あとは凡打になる。一球で勝負できるんですよ。

投数が減れば、肩の寿命が延びる。そんな考え方でした」

――日比野武捕手は？

「西鉄ライオンズ時代のほうが印象が強いですね。中日が初の日本一になった1954年の日本シリーズで2本ホームランを打たれました。スローカーブを投げたら、ガツンと。次の対戦で『よし打ってみぃ』とまたスローカーブ放ったら、またまたホームラン。それ以来スローカーブはやめました。この時の日本シリーズで5番を打ち、近鉄の監督もされた関口（清治）さんもパイレーツでしたね。2安打されましたが、得点打は許してないと思います」

――杉下さんといえばフォークボール。その習得は51年とされており、パイレーツには投げていない。

「パイレーツには投げていませんね。実はフォークは大学のころから放ってたんです。だけど試合で投げたら、バットの根っこで詰まった当たりの

1954年の西鉄ライオンズとの日本シリーズで最高殊勲選手に選ばれた

内野安打になった。縁起が悪いのでそれきりにしていました。プロでも最初、投げていなかった。1年目、1リーグ時代の東急戦、満塁で大下弘さんを迎えた時に投げて、三振を奪いました。その程度です」

――だから、大下さんクラスの打者がいないパイレーツには投げていない。

「いやいや、いい打者がそろってましたよ。社会人で活躍していた選手を中心に。ただしピッチャーが弱かった。なにせ私に満塁本塁打を打たれる投手陣ですから。もう少しピッチャーがそろっていたら、1年で終わるようなチームではなかったと思います」

海賊からの白星自信に

――1950年、杉下さんは27勝を挙げました。パイレーツから6勝しています。

「まだ2年目なので、『巨人相手に投げるのは10年早い』と言われて。実力が備わっていないと思われていたのでしょう。巨人戦の頭から放ることは名誉なのですよ。だからパイレーツや広島、国鉄、大洋といった勝ちが計算できる、新生球団相手が多かった。優勝した松竹相手にもよく投げました。小鶴（誠）さんや岩本（義行）さんなどすごいバッターばかりでしたが」

――この年、中日はパイレーツに14勝3敗。そのうちの1敗を杉下さんが新潟で喫しています。

「新潟では試合前、米軍機が飛んで始球式のボールを落とすという趣向でした。爆音がものすごくて怖いの何の。後にも先にも野球をやっていて怖い思いをしたのはこのときだけです。その影響でしょうか、1回もたずKO。すぐ宿舎に戻され、練習でけがした選手の足を氷で冷やしていました」

（筆者注・中日は移動のトラブルで1日遅れて新潟に着いた影響もある）

――パイレーツから6勝は自信になったのでは？

「新人の年が8勝ですからね。オフに結婚式を挙げたのですが、あいさつに立った天知監督が『私はこの結婚に賛成ではなかった。8勝したくらいで一人前の顔をして結婚でもないだろう』とひどいことを言われていましてね。50年の成績は大きな自信になりました。奪三振もセ・リーグトップではなかったでしょうか。その後、中日で勝ち星を積み重ねられたのもパイレーツのお陰、といっても過言ではないでしょう」

――1950年6月、朝鮮戦争が勃発しました。選手間に不安は？

「特にありませんでしたね。釜山まで攻めてきたときはさすがにヤバいと思いましたが、仁川上陸作戦で反撃したときにはそんな雰囲気はなくなっていました。今思うと、野球、野球の毎日はかけがえのないものだったんですね」

西日本パイレーツの後継球団「西武ライオンズ」で投手コーチも務めた（左）

――あらためてパイレーツとはどんな球団でしたか。

「同じ福岡を本拠地とした西鉄クリッパースよりメンバーはそろっていたと思います。特に打撃ではパイレーツはいい選手がたくさんいました。しっかりと練習すれば、もっと上に行けたのではないでしょうか。問題はピッチャー。これはパイレーツに限った話ではありませんが。49年までの1リーグ8チームが一気に15チームとなったのに、選手の数は限られています。福岡も無理して2チームができたので、いい投手をそろえるのは難しかったのでしょう。それに多くの選手が戦争に行って、肩を悪くして帰ってきているんですよね。沢村（栄治）さんも手榴《しゅりゅう》弾を投げて肩を壊してしまいました。みんな復員してプロ野球に復帰できても、全盛期の力を取り戻すには何年もかかった。そんな時代だったんですよ」

延長戦

パイレーツ　監督・選手名鑑

西日本パイレーツに所属した監督・選手のことを書き留めておく。西鉄との合併後、プロ野球に大きな爪痕を残した人、球界から引退した人、別の分野で活躍した人など海賊たちのその後はさまざまだ。

監督

背番号

30

小島利男（こじま・としお）

完全試合、最後の打者

1913年10月12日生まれ、愛知県出身。早大時代は東京六大学で活躍、リーグ史上初の三冠王となるなど強打の内野手として知られた。卒業後、一時貝島炭鉱（福岡県）に在籍したが36年、大阪タイガースに入団。兵役をはさみながら、戦前はイーグルス（黒鷲軍、大和軍）に在籍した。戦前のキャリアハイは新人時代の秋シーズン。31試合で打率2割5分6厘。本塁打は41年の2本が最高だった。戦後はプロ野球が再開された46年、パシフィック（松竹ロビンスの前身）に所属するも、チームの八百長問題で嫌気がさして退団した。

「完全試合最後の打者」屈辱の責任を一人で背負ってしまった悲運の闘将

塁打	打点	盗塁	盗塁刺	犠打	四球	死球	三振	打率	長打率
40	18	3		0	21	1	17	.256	.342
6	3	0		0	2	0	3	.190	.286
15	6	4		1	10	0	10	.220	.300
45	28	4		1	18	0	20	.248	.310
42	11	4		0	22	1	12	.254	.323
35	13	5	2	3	20	0	13	.179	.224
63	30	5	0	1	31	0	15	.207	.278
40	11	1	2	0	5	0	13	.252	.388
286	120	26	4	6	129	2	103	.227	.301

その後、電通に入社したが新生球団西日本パイレーツの監督就任の要請を受け、選手兼任でプロ野球に復帰。プレーヤーとして35試合に出場、打率2割5分2厘、2本塁打を放ったが、人々の記憶に残っているのは巨人の藤本英雄が完全試合を達成した試合で、最後と打者になったシーンだろう。投手の重松通雄の代打に出たが、タイミングが合わず三振に倒れた。藤本の前に一人のランナーも出せなかった責任は他の打者にもあるはずだが、屈辱の敗戦を一人で背負ってしまった印象が強い。

監督としても、大学閥にしばられたためか立大出身の清原初男らと反りが合わず、采配を批判されたようだ。1950年12月に解任されるが、後任の監督代行に清原、総監督に早大出身で元西日本新聞運動部長の大塚正男が就いた。

退団後は電通に戻る。フジテレビ役員、札幌テレビ専務などを歴任した。妻は元松竹歌劇団の女優、小倉みね子。小倉には「小島利男と私―都の北西と松竹少女歌劇」の著書がある。1969年6月1日、55歳で死去。

年度	所属球団	試合	打席	打数	得点	安打	二塁打	三塁打	本塁打
1936秋	タイガース	31	139	117	15	30	8	1	0
1937春	タイガース	6	23	21	2	4	0	1	0
1937春	イーグルス	14	61	50	5	11	4	0	0
1937秋	イーグルス	41	164	145	24	36	7	1	0
1941	黒鷲	38	153	130	11	33	3	0	2
1943	大和	47	179	156	10	28	7	0	0
1946	パシフィック	64	259	227	20	47	14	1	0
1950	西日本	35	108	103	8	26	8	0	2
通算		276	1086	949	95	215	51	4	4

投手

背番号11

緒方俊明（おがた・としあき）

セ・パ15球団から勝ち星

セ・リーグ史上、初の三振を奪ったことでも有名

1922年4月23日生まれ、熊本県出身。熊本商から早大に進学し、ノンプロの熊本クラブを経て47年に巨人に入団した。ルーキーイヤーは9試合に登板し2完封を含め3勝を挙げたが、その後勝ち星は伸びず、50年、新生の西日本パイレーツに移籍した。

パイレーツではエースとなった。開幕投手を務め、チームに初勝利をもたらした。前年未勝利から20勝（13敗）を挙げる活躍で、防御率もリーグ7位の2・98をマーク。セ・リーグで初めて三振を奪った投手でもあった。

1951年は西鉄に所属し、先発・救援にフル回転してリーグ最多の46試合に登板、チーム3位の11勝を挙げたが、前年の輝きはなかった。52年のシーズン途中、大下弘とのトレードで深見安博とともに東急に移る。55年まで現役を続け、通算53勝62敗の成績を残したが、パイレーツ時代がキャリアハイであった。パイレーツを除く15球団から勝利を挙げたことでも知られる（スタルヒンと並び最多記録）。ストレートに加え、カーブとシュートを織り交ぜた強気の投球で知られた。

背番号 12

林茂（はやし・しげる）

平和台1号を被弾

1923年11月30日生まれ、佐賀県出身。唐津中から横浜高工を経て社会人の杵島炭鉱（佐賀）でプレー後、パイレーツに入団。入団時の評は「投下しの剛球投手、新人中随一のホープ」とある。シーズン前の紅白戦に控えチームの先発として登板したが、主力組に打ち込まれた。公式戦初登板は開幕2戦目の巨人戦、3番手で登板したが青田昇に3ランを喫した。これが平和台球場の公式戦第1号だった。

パイレーツでは22試合に登板し、2勝8敗。被本塁打が13と多く、2試合に1本以上打たれた計算になる。10月24日の松竹戦（日生）では、小鶴誠に日本記録（当時）となる1シーズン47本目の本塁打を献上している。

1951年に松竹に移籍し5勝（4敗）したが、52年で引退した。

背番号
14
重松通雄（しげまつ・みちお）

アンダースローの元祖

１９１６年９月16日生まれ、愛媛県出身。越智中学校（現・愛媛県立今治南高）から呉海軍工廠（広島県呉市）に入り、社会人野球「オール呉」の選抜メンバーとして活躍する。

１９３６年、阪急にテスト入団すると、監督の三宅大輔に上手投げから下手投げへの変更を指示された。日本のプロ野球史上、初のアンダースローの誕生とされる。実際に対戦のある元中日の杉下茂は「山田久志（元阪急）のような地面すれすれから球が出てくるサブマリンではなく、サイドスローに近い投げ方だった。直球は速かった」と回顧している。

戦前は2度の応召で野球生活は断続的だったが、阪急と大洋軍（後の西鉄軍）で45勝47敗の成績を残した。戦後は１９４７年に金星に復帰し、2年のブランクを経てパイレーツに入団。藤本英雄の完全試合で先発したことは知られているが、スターターで2桁得点を許し負ける試合も多かった。3－15で敗れた5月25日の中日戦（浜松）では継投した稲葉

1937年の防御率はプロ野球のワースト記録

郁三とともに9者連続安打を許し、1イニング11失点という屈辱を味わった。この年は7勝16敗に終わり、現役を退いた。

引退後は西鉄ライオンズの2軍監督や投手コーチ、太平洋クラブライオンズのスカウトを歴任。〝鬼軍曹〟と呼ばれ、熱血指導で名をはせた。投手の河村英文は二軍時代、口答えしたとして重松に「右のフック一発、左のストレートが一発、計二発の往復パンチ」を浴びたという（河村英文「西鉄ライオンズ　最強球団の内幕」葦書房）。その直後、重松は殴った理由を整然と語り、河村も納得して「鉄拳がお互いの気持ちを通じ合わせるなんて、なんとすばらしいことか」と書いた。情の人でもあったようだ。

病気のため、1976年限りでスカウトを辞めた後は、地元・福岡で中学の野球チームのコーチを務めた。町内のソフトボールチームも作り、監督兼投手として活躍した。

1979年12月16日に死去するが、翌年、市大会で優勝した中学生チームが遺影の前に優勝旗を供えたエピソードが残っている（小野博人「ああ西鉄ライオンズ」西日本新聞社）。戒名は大通院球道覚真居士。

背番号 15

稲葉郁三（いなば・いくぞう）

救援のみ3試合に登板

1928年7月12日生まれ、愛知県出身。中京商、新東宝を経てパイレーツに入団。「快速球と絶妙のコントロールを持っている」との評だった。パイレーツでは救援で3試合に登板。勝ち負けはなかった。

背番号 16

藪田政則（やぶた・まさのり）

地元期待の左腕も未勝利

1923年9月25日生まれ、福岡県出身。西南学院高（福岡市）から門司鉄道局、昭嘉炭鉱（福岡県碓井町）を経てパイレーツ入りしたサウスポー。地元出身の左腕として期待され、開幕2試合目の巨人戦に先発登板したが、3回までに5失点してパイレーツ最初の敗戦投手となった。その後、5試合に登板するも0勝1敗。打撃は10打数4安打で非凡なものを見せた。シーズン途中、今で言う独立リーグの山陽クラウンズ（神戸市）に一時預かりの形で籍を移すが、パイレーツの合併に伴い解雇された。

背番号 17

玉川郁（たまがわ・かおる）

最年少選手は未勝利で終わる

1931年2月6日生まれ。福岡県出身。福岡工時代、パイレーツの紅白戦に高校生ながら登板してプロの打者を抑えた。のちに正式入団し、3試合に登板。パイレーツ史上、最年少で出場した選手だった。8月10日の国鉄戦（宇都宮）で初先発するが一死も奪えずマウンドを二番手に譲って敗戦投手になった。0勝1敗の成績で、この年限りで引退した。

背番号 17

久喜勲（きゅうき・いさお）

パ・リーグの審判部長に

1926年2月12日生まれ、和歌山県出身。旧制和歌山中、和歌山経専を経てパイレーツ入団。プロ初勝利は50年8月8日の阪神戦（横浜）で、先発の重松通雄を2回からリリーフし、4失点するも8回まで投げて白星を手にした。以降、先発での起用が増え12試合でスターターを務め5完投してタフネスぶりを示したが、完投勝利は1試合のみ。延長10回まで一人で投げ、サヨナラ負けを喫した11月13日の大洋戦（後楽園）など報われない試合もあった。パイレーツでの成績は4勝6敗。最終戦となった11月18日の阪神戦（同）で先発し、初回6失点しマウンドを降りた。

1951年は西鉄ライオンズでプレーしたが、10試合で0勝2敗。52年から捕手に転向、出場機会を増やした。54年に新生球団の高橋ユニオンズに移籍、投手として15試合に登板（0勝1敗）、一塁手としても先発出場する二刀流だったが、この年限りで引退。直後にパ・リーグ審判となり、審判部長も務めた。審判として2774試合に出場。日本シリーズもジャッジした。1993年9月12日死去。

背番号
18

野本喜一郎（のもと・きいちろう）

甲子園の常連監督に

1922年5月8日生まれ、埼玉県出身。埼玉の旧制不動丘中から社会人のコロンビアを経てパイレーツに入団。エース緒方俊明に次ぐ11勝（19敗）を挙げた。中日の杉下茂からプロ初本塁打となる満塁本塁打を喫し（4月12日・祐徳）、10月21日の阪神戦（甲子園）では完投したものの被安打18で14失点するなど打ち込まれた印象が強いが、連敗ストッパーの一面もあった。プロ初勝利を挙げたのは4月13日の松竹戦（富山）だが、この試合の前まで対松竹戦は4連敗中。前日も13失点で大敗後だけにプレッシャーがかかったが、2番手で登板し、味方の大量援護もあって24－8で勝った。このシーズン、パイレーツは松竹に2勝しかできず貴重な1勝だった。11月18日の阪神戦（後楽園）で救援勝利し、パイレーツ最後の勝ち投手になった。

西鉄ライオンズの一員となった1951年は出場機会を減らし、20試合の登板で4勝3敗だった。それでも開幕から10連敗中だった南海から勝ち星を挙げ、連敗ストッパーの役

高校野球では自主性を尊重する指導者だった（浦和学院高の監督時代）

目を果たした。53年には近鉄パールズに移ったが1勝に終わり、この年限りで引退。通算18勝27敗で、勝利数の半数以上がパイレーツ時代のものだった。

引退後、埼玉に戻り上尾町（現上尾市）で銭湯を営んでいたが、野本の経歴を知った周囲の勧めで上尾高の野球部初代監督に就任。1963年には山崎裕之（ロッテ、西武）を擁して春の選抜大会で甲子園初出場を果たすなど、上尾を埼玉の強豪に育てた。75年夏には、原辰徳（巨人）、津末英明（日ハム、巨人）がいた東海大相模を破り4強入りした。甲子園には春夏通算6回出場。この間に東洋大の監督も務め、多くのプロ選手を育てた。自主性を重んじた合理的指導で知られ、野本を慕うアマチュア野球の指導者も多かった。

1984年には浦和学院高の監督に。86年夏、鈴木健（西武、ヤクルト）がいたチームで甲子園に初出場したが、体調を崩して開幕の夜、入院先の病院で亡くなった。64歳だった。

背番号 19

森弘太郎（もり・こうたろう）

野球祭優勝の立役者

1915年5月29日生まれ、愛知県出身。旧制一宮中から関西大（中退）、名古屋鉄道管理局を経てプロ野球草創期の１９３７年、阪急に入団。40年に28勝13敗、41年には30勝８敗で最多勝と最高勝率のタイトルを取っている。この年の10月27日には名古屋戦で史上８人目のノーヒットノーランを達成した。

パイレーツに入団時には35歳のベテランで、往年の速球派から変化球主体の技巧派にモデルチェンジしていた。セ・リーグ春の野球祭では老獪な投球が奏功して優勝候補の巨人を抑えた。決勝の中日戦でも好リリーフして優勝の立役者となり、最優秀選手に選ばれた。しかし公式戦に入ると打ち込まれる場面が目立ち、５勝11敗と大きく負け越した。パイレーツの平和台球場最後の公式戦で、勝利投手となったのは森だった。

この年限りでユニホームを脱ぐと、社会人の川島紡績の監督に。同郷で打撃三冠のタイトルホルダー、山内一弘（毎日、阪神など）を育てた。

史上5人目の防御率0点台を達成している

背番号 23

下尾勝馬（しもお・かつま）

二刀流は市議会議長に

１９１８年７月25日生まれ、佐賀県出身。旧制唐津中―早大から社会人では満州重工、オール唐津でプレー。パイレーツ入団時は31歳で、左腕投手兼外野手の〝二刀流〟だった。投手としては15試合に登板、主に先発で１勝８敗の成績だった。唯一の勝ち星は６月15日の巨人戦（後楽園）。同点で先発をリリーフし、その後チームが勝ち越したためプロ初勝利を手にした。トータルで４完投したが、すべて敗戦投手に。うち２試合が１点差負けと運をつかみきれなかった。打者としては61試合で打率１割８分２厘、０本塁打。左の代打の切り札でもあったが数字はいまひとつ。ただ外野守備では４補殺（27試合）を記録し、強肩ぶりがうかがえる。投手と合わせて守備率は１・０００だった。

この年で引退し、地元の佐賀県唐津市に戻り酒店を経営した。１９６３年に市会議員に立候補、連続５期当選した。市議会議長も務めた。唐津商工共済組合理事長なども歴任した。92年９月28日に74歳で亡くなったが、翌日の西日本新聞の死亡記事にはパイレーツはおろか野球のことは一言も触れていなかった。

捕手

背番号 26 日比野武（ひびの・たけし）

黄金期の日本シリーズ男

１９２０年4月22日生まれ、愛知県出身。愛知・東邦商から日大を経て、39年に阪急入り。強肩強打の捕手として鳴らした。47年に甲子園球場にラッキーゾーンが設けられた時、第1号を放った。2リーグ分裂で、スカウトの宇高勲に引き抜かれてパイレーツに入団。正捕手として１０７試合に出場、打率2割8分7厘、10本塁打で打撃面でも堂々の主力だった。3月14日の巨人戦（熊本）で放った1号は、パイレーツ球団の初本塁打となった。通算18年の日比野のプロ野球生活で、打撃はこの年がキャリアハイだった。

西鉄の合併騒動の中、日比野は巨人に引き抜かれそうになった。巨人のユニホームを着て写真まで撮られたが、宇高の尽力で連れ戻された。

西鉄ライオンズでも長く正捕手の座を守った。特筆すべきは日本シリーズでの勝負強さだろう。ライオンズが初のリーグ優勝を果たした１９５４年、中日との日本シリーズでは、

西鉄ライオンズ移籍後も大活躍し、記憶に残る選手だった

シーズン中3本しかなかった本塁打を3本放って打線を支えた。うち2本は、シリーズ最優秀選手となる杉下茂から打ったもの。ライオンズは3勝4敗で敗れたが、日比野は首位打者賞と本塁打賞の表彰を受けた。

1958年は、ライオンズが巨人に3連敗後4連勝した〝奇跡〟の日本シリーズ。この年のシーズン、日比野は正捕手の座を和田博実に譲って出場機会を大きく減らしていた。シリーズ3戦目まで和田が先発マスクをかぶったが3連敗してしまった。後がなくなった第4戦で日比野は和田に代わって途中出場すると、調子が出なかった先発の稲尾和久を好リードして逆転勝ちにつなげた。以降、最終第7戦まで先発出場し、稲尾とのコンビでライオンズの日本シリーズ3連覇の立役者となった。

翌1959年に現役引退した。通算安打は1048本だったが、次に1000本安打に到達した捕手は63年の野村克也（南海ほか）まで待たなければならなかった。日比野はコーチやスカウトを務め、長くライオンズに携わった。

1975年9月16日に55歳で亡くなった。

背番号

28

岡本三男（おかもと・みつお）

貴重な2番手捕手

1921年3月15日生まれ、神奈川県出身。横浜高商から芝浦電気、大昭和製紙を経てパイレーツに入団。日比野武の控え捕手として40試合に出場、9月以降はスタメンマスクの試合も多かった。打率1割9分4厘、本塁打0本と目立った数字は残せなかったが、レアな日本初の記録を持っている。9月26日の中日戦（一関）で岡本は3併殺打を打った。1試合3併殺打はこれがプロ野球史上初で、現在も最多となっている。

1951年には大洋に移籍、52年まで在籍して現役引退した。

内野手

背番号1

南村不可止（みなみむら・ふかし）

新人で4番、3割打つ

1917年4月17日生まれ、大阪府出身。旧制市岡中から早大を経て三井信託銀行に勤務。クラブチームの強豪、横浜金港クラブに所属して野球を続けていたが、大学の先輩だった小島利男に勧誘されて32歳でパイレーツ入りした。

オールドルーキーながら4番にも座り、内野は複数ポジションをこなした。初本塁打は開幕3戦目、3月14日の巨人戦（熊本）で先発の中尾碩志から放つ。一時病気で離脱した時期もあったが、96試合に出場し打率3割、本塁打11本、55打点の成績を収めセ・リーグの新人打撃王のタイトルを取った。

西鉄との合併の混乱では巨人に移籍したが、断れない性格が災いしてか西鉄監督の三原脩に残留を請われて応諾し、二重契約で両者を混乱させた。この逸話に象徴されるように、

巨人に移籍後も活躍、野球評論家としても活動した

南村の人柄の良さは広く知られていた。1951年の「ベースボールニュース1月1日号」では、「野心もなければ、打算もなく、また功利的でもない生来の楽天的な気持が、つねにボールと取り組んでも発揮され」ていると書く。入団時の新人紹介では、愛読書は論語でベートーベンを聴きながらリプトン（紅茶）を飲むのが好きと書いた記事もあった。「聖人君子」「ハイソサエティ」と呼べそうだが、当の本人は大の麻雀好きで相当負けが込んでいたようだ。異色のルーキーであることは間違いなかったようだ。

巨人では1年目から活躍し、6番打者として2リーグ分裂後の初優勝に貢献。南海との日本シリーズでも16打数9安打と大暴れし、MVPを獲得した。以降も中心選手としてプレーし、在籍7年でベストナイン2回、オールスター出場3回と巨人の第2期黄金時代を支えた。1954年から脩広に改名。57年に引退後は解説者や巨人のコーチとなったが、74年には三原が球団社長を務めた日本ハムでフロント入りした。三原の要請で西鉄入りにいったん同意しながら結局は巨人入りしたことへの贖罪だったのだろうか。

1990年4月17日に亡くなったが、奇しくも73歳の誕生日だった。

背番号

2

木村保久（きむら・やすひさ）

内野のバックアップ選手

1924年5月29日生まれ、愛知県出身。旧制一宮中、立教大、社会人の東洋産業を経てパイレーツに入団した。入団前には「東京六大学でつねに三番を打っていたスラッガー」と紹介されていた。

シーズンでは二、三塁手として66試合に出場し、打率1割9分3厘、1本塁打、18打点の成績を残した。唯一の本塁打は9月5日の巨人戦（後楽園）で別所毅彦から放った。守備は54試合出た三塁で17失策と、堅実とはいえなかったようだ。

51年大洋へ移籍。主に控えの三塁手として52年までプレーした。

背番号

3

桜井太郎（さくらい・たろう）

元気者も無安打に終わる

１９１７年2月15日生まれ、愛知県出身。愛知商、立教大、社会人の丸物百貨店を経て入団した。「練習中はグラウンド一杯かけまわる元気者」と紹介されている。出場は２試合だけで、２打数無安打だった。うち１試合だけ守備についたが、登録の内野手ではなく捕手だった。１刺殺、１捕殺の記録が残っている。この年限りで引退した。

背番号5

田名網英二（たなあみ・えいじ）

監督となり甲子園出場

１９２４年7月30日生まれ、栃木県出身。栃木商―法政大―川崎いすゞを経て入団した。法大時代は俊足のリードオフマンとして鳴らした。開幕から二塁手として先発出場を続け、しばらく3割近い打率を維持したが守備に安定感がなくよく代打を送られた。ちなみに通年で32失策し、遊撃手では9試合に出て9失策だった。83試合で打率2割7分8厘、１本塁打、14打点。26盗塁したが盗塁死も11と多かった。

この年限りで引退し、１９５３年に甲府工（山梨）の監督となった。85年に勇退するまで甲子園に春夏合わせて5回出場し、66年の夏の大会ではベスト8に進出した。

背番号 6

鈴木忠（すずき・ただし）

独立リーグから入団も無安打

1922年2月25日生まれ、東京都出身。日大高工、社会人の川崎トキコから国民野球連盟（独立リーグ）の大塚アスレチックスでプレーした。チームには門前真佐人（大洋、広島）、山田潔（大映、広島監督）らがいた。同連盟会長だった宇高勲に勧誘されパイレーツに入団したが、10試合の出場で4打数無安打に終わった。この年限りで引退した。

背番号 8

平井正明（ひらい・まさあき）

打てる遊撃手は人気者

1923年9月4日生まれ、徳島県出身。徳島商で3度甲子園に出場した後、明治大、ノンプロの全徳島を経て48年に阪急に入団した。新人ながらショートのレギュ

ベストナインを3回受賞している

ラーとなり2割8分近い打率を2年続けて残し、「打てる遊撃手」として知られた。2リーグ分裂時には、宇高勲の引き抜きで日比野武、永利勇吉とともにパイレーツに移った。移籍のゴタゴタは開幕直前まで続き、シーズンインからしばらくは「仮登録選手」だった。

パイレーツでも1番ショートのリードオフマンとして活躍し、103試合でチームトップ、リーグ11位の打率3割9厘を残した。好不調の波が少なく、3月17日から20試合連続安打をマークした。記録はいったん途切れたが、5月11日から再び毎試合安打を続け、21試合まで延ばして1リーグ時代の日本記録25試合に迫ったが、巨人の藤本英雄に完全試合をくらい更新はならなかった。1シーズンで20試合以上連続安打を放ったのは、1994年のイチロー（オリックス）、2014年の菊池涼介（広島）しかいない。

西鉄との合併騒動の中で、ショートが固定できなかった巨人が獲得に乗り出した。V逸した巨人はエラーが目立つ正遊撃手・山川喜作に代わる選手の獲得が急務で、「選手は所属リーグのもの」との論法で平井を〝強奪〟した。1951年の「ベースボールニュース3月1日号」には、まだ両リーグの会長会談が開かれず選手の所属が決まっていない2月3日に平井が語ったインタビュー記事が載っている。それによると平井は「一応巨人に行きたいと思っている」と語り、尊敬していた同じ四国出身の三原に対して「巨人を離れた三原サンなら、大分気持ちも変わってくる」としている。巨人希望はパイレーツの金銭問題が原因かと問われ、「西日本球団の選手に対する誠意の問題だ」と強く言っており、望んだ移籍だった可能性もある。巨人移籍後は遊撃のレギュラーとして千葉茂と二遊間を組んだ。

1951年から53年まで3年連続ベストナインに選ばれ、巨人の3連覇に貢献した。53年に三郎と改名した。57年に引退後は、僚友千葉が監督に就いた近鉄バファローズでコーチを務めた。

1969年7月23日に45歳で死去。

背番号9

清原初男（きよはら・はつお）

主将から監督代行へ

1917年11月17日生まれ、熊本県出身。台南一中－立教大から社会人の大正興業を経て46年にゴールドスター（金星）に入団した。49年に東急に移った後、パイレーツの一員となった。パイレーツの初代4番打者となった。打率は決して高くないものの（117試合で2割3

パイレーツの初代4番打者として活躍し、西鉄に移籍

分9厘）、6月1日の大洋戦（長崎商高）で試合を決める満塁弾を放つなど勝負強いバッティングでインパクトを残した。レギュラークラスでは三振が少ない（468打席で15個）のも特徴で、投手の重松通雄（60打席で13個）と大差なかった。
チームの主将を務め、小島利男の監督退任後は監督代行に就いた。合併騒動では最終的に西鉄に移ったものの、移籍話がつきまとっていた。西鉄では途中出場が多く、本職の三塁以外、一塁、遊撃の守備にも就いた。1952年限りで引退し、野球解説者となった。

背番号22

手代木一彦（てしろぎ・かずひこ）

終盤にレギュラー奪う

1925年2月13日生まれ、愛知県出身。名古屋第三商から社会人の川崎トキコでプレーした。パイレーツでは最終盤になって先発出場し、10月22日の大洋戦（後楽園）で4打数4安打、同25日の阪神戦（大阪）で5打数4安打とシュアなバッティングを見せた。シーズン終了まで二塁のレギュラーに定着し、打率3割3分9厘の成績を残した。1951年は西鉄に在籍したが、出場機会はなくこの年限りで引退した。

外野手

背番号
20
塚本博睦（つかもと・ひろむつ）

足で魅せた大ベテラン

1918年10月18日生まれ、広島県出身。広島・呉港中から立教大へ進むも中退して37年に大阪タイガース入りした。召集され一時空白期間があったが、除隊後の42年には1番センターのレギュラーを獲得し、戦前最後の44年の優勝に貢献した。戦後は阪神、阪急、東急でプレーしパイレーツに入団した。

主に2番センターで先発出場した。入団時は31歳とベテランの域だったが、チームトップの36盗塁をマークして韋駄天健在をアピールした。113試合に出場し打率は2割5分9厘、3本塁打。51年は西鉄に所属したが、出場機会を減らし盗塁も4にとどまった。戦前の阪神時代以来のセカンド守備にも就いた。52年に広島に移籍し、この年で引退した。

引退後は社会人の監督を経て、1960年に古巣阪神の二軍監督兼打撃コーチとなり、61年まで務めた。2009年8月20日に90歳で死去。

「完全試合」初回のレフトライナーはこの試合で一番鋭い当たりだった

背番号 21

田部輝男（たべ・てるお）

豊田泰光もうなった粘り

１９１６年12月19日生まれ、広島県出身。旧制広陵中から立教大を経て地元広島のクラブチームでプレーし、都市対抗野球全国大会にも出場した。のちに国民野球連盟の結城ブレーブスでプレーし、チームが解散すると社会人野球に戻り都市対抗で活躍した。パイレーツの誕生時、国民野球連盟の会長だったスカウトの宇高勲の勧めで入団が決まった。

シーズン中はクリーンアップを任され、一塁手と外野手を兼任した。１２０試合に出場し打率２割７分３厘、16本塁打、72打点と主軸らしい成績を残した。中でも広島戦で活躍し６本塁打を放った。このうち３本は新人の長谷川良平から打っている。特筆すべきは選球眼の良さで、シーズン通して64四球を選んでいる。このため出塁率は３割４分７厘に跳ね上がった。西鉄に所属した１９５１年には最多連続試合四球15を記録し、２０１６年に柳田悠岐（ソフトバンク）に破られるまでパ・リーグ最多だった。52年も４番を務め、関

「2ストライクの田部」と呼ばれた粘り

口清治（21本）、大下弘（13本）、中西太（12本）に次ぐ11本塁打を放ち存在感を示した。ライオンズ黄金期の主力打者、豊田泰光は著書『豊田泰光　風雲録』（葦書房）で「ベンチじゃ『田部のお父さんは2ストライクの田部やから見とけ！』なんてみんな楽しみにして見守っとる」と書いた。狙い球が来るまでファウルで粘り、0－2からでもヒットや四球をもぎとっていた。

西鉄ライオンズが最初のリーグ優勝を遂げた1954年までプレーし、引退後は芝浦工大の監督となった。東都大学リーグで幾度も優勝し、後にライオンズ戦士となる片岡新之介と伊原春樹、イチローを育てた河村健一郎らを指導した。

背番号 22

長野茂（ながの・しげる）

途中入団も無安打

1914年6月12日生まれ、愛知県出身。愛知商－早大－満州製鉄－東海理化を経てシーズン途中にパイレーツに加入した。入団当時は選手最年長の36歳で、2試合に出場し5打数0安打だった。2試合とも外野守備に就いた。この年限りで引退した。

背番号24 茅野健一（かやの・けんいち）

単身赴任パパは1安打のみ

1917年2月25日生まれ、神奈川県出身。浅野中、横浜高工、横浜金港クラブを経てパイレーツに入った。入団前の紹介記事では、東京に妻、4歳と1歳の娘を残して単身赴任していること、工業系の学校の出身者らしく福岡の鉱物に興味があることが書かれていた。出場は11試合にとどまり単打1本を記録し、打率0割7分1厘に終わった。

背番号25 関口清治（せきぐち・せいじ）

監督に上り詰めた海賊

1925年10月9日生まれ、台湾出身。台北工から信越化学を経て48年に巨人に入団した。出場機会が少なく肩を痛めたため49年に社会人の強豪別府星野組に〝出向〟したが、故障が癒えこの年の都市対抗野球全国大会に4番として出場、優勝を果たした。2リーグ分裂時、関口は星野組の同僚、荒巻淳や西本幸雄らが入団する毎日行きを希望したが、巨人の反対に遭いセ・リーグのパイレーツ入団が決まった。

パイレーツでは若手筆頭の扱いで、開幕直後はベンチスタートが多かったが、すぐに外野のレギュラーに定着した。恵まれた体格から放つ一発が魅力で、初本塁打は3月14日の巨人戦（熊本）で中尾碩志から代打でマークした。この年は永利勇吉（23本）に次ぐチーム2番目の18本塁打を打ち、大器の片鱗を見せた。ルーキーイヤーの金田正一（国鉄）はパイレーツの緒方俊明からプロ初本塁打を放ったが、初めての被本塁打は関口からだった。金田のデビュー3戦目、8月30日の松江球場での出来事だった。

関口の18本塁打は15球場で飛び出している。複数本塁打は後楽園（3本）と中日（2本）のみで、あとは13球場で一本ずつ打った。甲子園以外、いわゆるローカル球場で、プロ野球が1試合しか開催されなかった長崎商グラウンド、2試合だけの佐賀市民などで貴重な一発を記録している。パイレーツの試合は地方が多かった証左だが、本拠地平和台では1本も打てなかった。実質1年目の選手と考えれば打率2割5分4厘、73打点は

近鉄監督時代は「伸び伸び野球」をモットーに選手を怒らなかった

外野での13失策に目をつむれば上出来だろう。

オフの合併騒動で、一時古巣・巨人に戻る話が出回ったが結局は西鉄の一員となった。新生ライオンズでもクリーンアップを打った。中でも5番は関口の定位置で、ライオンズ史上最多の711試合でこの打順を務めた。「5番レフト関口」のアナウンスはオールドファンの耳から離れない。

1954年にはキャリアハイとなる27本塁打、87打点をマークしてライオンズ初のリーグ優勝に貢献した。58年の巨人との日本シリーズでは「5番関口」が伝説の一コマとなった。1勝3敗で迎えた第5戦、2対3とリードされた9回裏2死三塁、「あと1人」で打席に立った。前の打者、4番中西太は犠飛でも同点の場面で凡退した。巨人の日本一が目前となり、強いプレッシャーがかかっただろう。関口はシリーズ14打数1安打と調子が出ていなかった。巨人バッテリーは一度敬遠の構えを見せたが、結局は勝負に出た。関口は藤田元司が3－1から放ったシュートをセンター前へはじき返し、土壇場で同点に追いついた。10回裏、エースの稲尾和久がサヨナラ本塁打を放ち逆転勝ちした。流れをつかんだライオンズは第7戦まで勝ち続け、3連敗後4連勝の「奇跡の日本一」を手にした。

関口はライオンズに1961年まで在籍した後、星野組の盟友西本幸雄に請われて阪急に移り、63年に現役引退した。西本監督の下阪急コーチとなり、67年からのリーグ3連覇を支えた。69年オフ、西鉄監督となった稲尾にヘッドコーチ就任を要請された。関口は迷ったが、西本の「西鉄へ行け」の一語で決心した。そのとき西本は涙を流したという。

1974年から再び西本監督の近鉄で打撃コーチとなった。82～83年は監督に就任し、通年3位、4位の成績を残してライオンズの後輩仰木彬に席を譲った。パイレーツ出身者で監督になったのは関口だけだった。2007年に81歳で亡くなった。パイレーツ戦士としてもっとも長く、太く球史に名を残した野球人だった。

背番号
27

永利勇吉（ながとし・ゆうきち）

パイレーツ最後の本塁打放つ

1920年12月9日生まれ、福岡県出身。旧制嘉穂中から立教大を経て、社会人の八幡製鉄と別府星野組で活躍、48年に阪急に入団した。立教大では首位打者を獲得、星野組では都市対抗野球全国大会で準優勝し久慈賞を得た経験がある。パイレーツ誕生時、スカウトの宇高勲に日比野武、平井正明とともに引き抜かれた。

左の巧打者として都市対抗野球大会では久慈賞を受賞したこともあった

阪急では捕手がメーンだったが、パイレーツでは打力を生かすため外野手での出場が大半だった。春先は低調だったが、4月半ばから調子を上げて3割をキープし、本塁打も4月には4本放った。以降も主軸として打線を引っ張り、打率3割4厘（リーグ14位）、打点80、21本塁打でシーズンを終えた。阪神最終戦で放った本塁打がパイレーツとして最後の一発だった。打点と本塁打はチームトップで、12本打った三塁打はリーグトップだった。

シーズンオフには大洋入りのうわさが出たが、新生西鉄に所属した。51年シーズンも中軸を打ち4番も務めた。打率2割9分4厘はリーグ10位だった。52年以降は打率が下がり、出場機会も減らしていった。55年限りで引退したが、キャリアハイはパイレーツの1年だった。

引退後は地元福岡で解説者となった。が、1962年6月27日、福岡市内の国鉄鹿児島本線で飛び込み自殺した。直前の6月22日には、ラジオで西鉄戦の解説をしていたという。

	被安打	被本塁打	四球	死球	三振	暴投	ボーク	失点	自責点	防御率
	38	1	24	0	17	0	0	15	11	1.74
	58	1	32	3	9	0	0	30	21	3.20
	17	3	4	0	5	1	0	12	11	6.60
	276	19	79	3	101	1	0	129	98	2.98
	207	15	42	5	86	3	0	89	64	2.61
	14	1	3	0	2	0	0	7	6	6.00
	166	13	39	2	74	1	1	78	67	4.37
	105	9	23	0	43	0	1	41	35	3.03
	146	9	35	1	48	0	0	70	56	3.97
	25	4	8	2	4	0	0	19	16	9.00
	1052	75	289	16	389	6	2	490	385	3.33

	被安打	被本塁打	四球	死球	三振	暴投	ボーク	失点	自責点	防御率
	98	13	57	3	25	1	1	82	70	7.88
	59	4	46	1	26	1	1	45	38	6.33
	9	0	5	0	2	0	0	4	2	3.00
	166	17	108	4	53	2	2	131	110	7.12

	被安打	被本塁打	四球	死球	三振	暴投	ボーク	失点	自責点	防御率
	35	0	29	3	14	0	1	14	12	1.96
	78	3	76	5	26	1	0	45	31	2.64
	51	0	22	4	12	2	0	38	32	7.20
	16	0	6	0	9	1	0	4	3	0.90
	51	0	32	2	19	0	0	28	22	2.79
	152	4	66	3	70	4	0	68	48	2.16
	46	0	41	1	24	1	0	26	12	1.40
	55	5	34	0	23	0	0	26	19	1.99
	177	5	156	5	80	0	0	94	77	2.76
	248	6	113	9	53	0	0	126	91	2.99
	194	19	58	4	26	1	1	130	109	6.29
	1103	42	633	36	356	10	2	599	456	3.06

	被安打	被本塁打	四球	死球	三振	暴投	ボーク	失点	自責点	防御率
	16	1	8	0	3	0	0	9	8	7.20
	16	1	8	0	3	0	0	9	8	7.20

	被安打	被本塁打	四球	死球	三振	暴投	ボーク	失点	自責点	防御率
	32	3	8	0	7	0	0	16	13	5.32
	32	3	8	0	7	0	0	16	13	5.32

投手

緒方俊明

年度	所属球団	登板	勝利	敗北	完投	完封勝	無四球	勝率	打者	投球回
1947	読売	9	3	1	4	2	0	.750	223	56.2
1948	読売	16	2	6	0	0	0	.250	261	58.2
1949	読売	6	0	1	0	0	0	.000	64	15
1950	西日本	47	20	13	18	1	2	.606	1236	295.2
1951	西鉄	46	11	8	10	1	3	.579	900	221
1952	西鉄	3	0	3	0	0	0	.000	45	9
1952	東急	25	10	10	6	0	3	.500	611	137.2
1953	東急	25	4	8	2	1	0	.333	434	104
1954	東映	31	3	10	5	3	0	.231	548	127
1955	東映	7	0	2	0	0	0	.000	80	15.1
通算		215	53	62	45	8	8	.461	4402	1040

林茂

年度	所属球団	登板	勝利	敗北	完投	完封勝	無四球	勝率	打者	投球回
1950	西日本	22	2	8	1	0	0	.200	394	80
1951	松竹	19	5	4	1	1	0	.556	264	53.1
1952	松竹	4	0	1	0	0	0	.000	32	5.2
通算		45	7	13	2	1	0	.350	690	139

重松通雄

年度	所属球団	登板	勝利	敗北	完投	完封勝	無四球	勝率	打者	投球回
1936秋	阪急	9	3	2	2	0	0	.600	230	55.1
1937春	阪急	23	6	3	4	0	0	.667	470	105.2
1937秋	阪急	11	1	2	1	0	0	.333	194	40
1938春	阪急	4	2	1	3	1	0	.667	112	29.1
1938秋	阪急	10	4	2	4	0	0	.667	297	70.1
1939	阪急	33	13	12	13	2	0	.520	809	199.2
1940	阪急	13	4	3	4	1	0	.571	317	76.2
1942	大洋	19	3	4	3	0	0	.429	343	85.2
1943	西鉄	38	9	18	16	2	0	.333	1079	250.2
1947	金星	40	11	19	22	5	1	.367	1166	274
1950	西日本	34	7	16	6	0	0	.304	725	155.2
通算		234	63	82	78	11	1	.434	5742	1343

稲葉郁三

年度	所属球団	登板	勝利	敗北	完投	完封勝	無四球	勝率	打者	投球回
1950	西日本	3	0	0	0	0	0	.000	51	9.2
通算		3	0	0	0	0	0	.000	51	9.2

藪田政則

年度	所属球団	登板	勝利	敗北	完投	完封勝	無四球	勝率	打者	投球回
1950	西日本	6	0	1	0	0	0	.000	103	21.1
通算		6	0	1	0	0	0	.000	103	21.1

被安打	被本塁打	四球	死球	三振	暴投	ボーク	失点	自責点	防御率
8	0	0	0	0	0	0	8	7	31.50
8	0	0	0	0	0	0	8	7	31.50

被安打	被本塁打	四球	死球	三振	暴投	ボーク	失点	自責点	防御率
138	15	66	4	31	1	0	86	71	4.80
22	0	8	0	12	0	1	10	8	3.27
42	2	13	1	10	0	0	25	18	3.95
202	17	87	5	53	1	1	121	97	4.48

被安打	被本塁打	四球	死球	三振	暴投	ボーク	失点	自責点	防御率
294	29	72	6	84	0	3	159	128	4.38
75	5	15	2	28	0	1	26	19	1.92
72	4	21	1	19	0	1	43	31	4.16
71	7	17	1	19	0	0	34	19	2.31
512	45	125	10	150	0	5	262	197	3.60

被安打	被本塁打	四球	死球	三振	暴投	ボーク	失点	自責点	防御率
14	0	2	0	8	0	0	9	7	6.75
29	0	25	1	7	3	0	12	8	1.57
6	0	3	0	2	0	0	6	3	6.75
97	4	38	0	25	0	0	41	32	2.69
251	6	82	7	97	1	0	81	54	1.29
200	3	83	3	85	1	0	48	33	0.89
239	1	88	3	105	0	0	82	54	1.31
51	1	14	0	14	0	0	21	15	2.29
44	1	9	2	6	1	0	17	17	4.64
69	3	20	0	14	0	0	29	14	1.94
163	6	20	0	27	0	0	61	43	2.50
110	8	26	0	18	0	0	53	43	4.07
183	9	39	0	33	0	0	84	63	3.66
1456	42	449	16	441	6	0	544	386	1.92

被安打	被本塁打	四球	死球	三振	暴投	ボーク	失点	自責点	防御率
80	12	51	1	16	0	0	56	48	5.76
80	12	51	1	16	0	0	56	48	5.76

玉川郁

年度	所属球団	登板	勝利	敗北	完投	完封勝	無四球	勝率	打者	投球回
1950	西日本	3	0	1	0	0	0	.000	13	1.1
通算		3	0	1	0	0	0	.000	13	1.1

久喜勲

年度	所属球団	登板	勝利	敗北	完投	完封勝	無四球	勝率	打者	投球回
1950	西日本	28	4	6	5	0	0	.400	601	133
1951	西鉄	10	0	2	0	0	0	.000	92	21.1
1954	高橋	15	0	1	0	0	0	.000	175	40.1
通算		53	4	9	5	0	0	.308	868	194.2

野本喜一郎

年度	所属球団	登板	勝利	敗北	完投	完封勝	無四球	勝率	打者	投球回
1950	西日本	48	11	19	14	1	3	.367	1149	262.1
1951	西鉄	20	4	3	2	1	0	.571	350	88.2
1952	西鉄	29	2	3	0	0	0	.400	286	67
1953	近鉄	25	1	2	0	0	0	.333	304	73.1
通算		122	18	27	16	2	3	.400	2092	491.1

森弘太郎

年度	所属球団	登板	勝利	敗北	完投	完封勝	無四球	勝率	打者	投球回
1937春	阪急	2	0	0	0	0	0	.000	46	9.1
1938春	阪急	8	5	2	1	0	0	.714	193	45.1
1938秋	阪急	2	0	0	0	0	0	.000	20	3.2
1939	阪急	15	7	3	7	2	0	.700	458	107
1940	阪急	54	28	13	30	8	7	.683	1450	377.1
1941	阪急	48	30	8	23	11	2	.789	1262	333.1
1942	阪急	59	19	17	24	3	1	.528	1416	369.1
1943	阪急	8	1	5	5	0	0	.167	240	59
1946	阪急	8	2	3	1	0	0	.400	144	32.1
1947	阪急	16	2	4	2	0	0	.333	275	64.1
1948	阪急	30	7	8	5	0	5	.467	621	154.2
1949	東急	17	6	4	4	1	1	.600	416	95
1950	西日本	28	5	11	9	0	3	.313	688	154.2
通算		295	112	78	111	25	19	.589	7229	1805.1

下尾勝馬

年度	所属球団	登板	勝利	敗北	完投	完封勝	無四球	勝率	打者	投球回
1950	西日本	15	1	8	4	0	0	.111	344	75
通算		15	1	8	4	0	0	.111	344	75

打点	盗塁	盗塁刺	犠打	犠飛	四球	死球	三振	併殺打	打率	長打率
26	5		3	2	25	0	34		.202	.264
7	0		1	2	15	0	5		.182	.202
29	0		5		34	1	16		.220	.282
14	1	0	3		27	1	18		.169	.203
27	0	1	5		22	0	13		.269	.381
27	0	0	6		10	2	11		.233	.301
48	2	2	2		33	1	19		.262	.306
60	1	2	6		32	2	14		.255	.346
47	0	2	3		39	0	18	8	.287	.422
39	1	1	10		36	3	26	9	.270	.368
40	1	1	12		22	1	18	4	.272	.394
32	0	1	15		25	0	36	6	.199	.279
36	2	2	13	0	27	3	27	11	.230	.293
29	3	2	10	3	26	2	26	5	.232	.286
27	3	4	12	2	18	0	30	8	.233	.269
13	0	1	3	0	5	0	13	4	.234	.255
5	0	0	2	1	2	0	9	1	.122	.122
0	0	0	0	0	0	0	3	0	.067	.067
506	19	19	111	10	398	16	336	56	.237	.310

打点	盗塁	盗塁刺	犠打	四球	死球	三振	併殺打	打率	長打率
3	2	1	1	2	0	14	5	.194	.224
1	1	0	0	0	0	1	0	.148	.148
4	3	1	1	2	0	15	5	.184	.208

打点	盗塁	盗塁刺	犠打	犠飛	四球	死球	三振	併殺打	打率	長打率
55	34	13	1		25	1	30	10	.300	.469
62	23	7	2		45	2	27	3	.283	.369
75	18	8	4		40	2	20	7	.315	.431
49	19	7	18		27	3	24	8	.277	.359
61	18	8	9	7	34	4	32	10	.285	.373
30	13	2	11	4	25	1	29	12	.252	.309
13	2	2	5	0	11	1	10	2	.234	.319
11	1	0	1	0	1	1	5	2	.190	.286
357	128	47	51	11	208	15	177	54	.283	.382

捕手

日比野武

年度	所属球団	試合	打席	打数	得点	安打	二塁打	三塁打	本塁打	塁打
1939	阪急	75	272	242	23	49	6	0	3	64
1940	阪急	42	117	99	5	18	2	0	0	20
1941	阪急	82	328	287	21	63	7	1	3	81
1942	阪急	89	292	261	11	44	6	0	1	53
1946	阪急	78	250	223	26	60	9	2	4	85
1947	阪急	104	340	322	23	75	14	1	2	97
1948	阪急	116	422	385	29	101	14	0	1	118
1949	阪急	127	459	419	34	107	11	0	9	145
1950	西日本	107	390	348	40	100	13	2	10	147
1951	西鉄	94	356	307	31	83	12	0	6	113
1952	西鉄	78	289	254	20	69	7	0	8	100
1953	西鉄	86	312	272	16	54	10	0	4	76
1954	西鉄	112	360	317	13	73	11	0	3	93
1955	西鉄	113	321	280	21	65	12	0	1	80
1956	西鉄	124	285	253	18	59	6	0	1	68
1957	西鉄	59	102	94	3	22	2	0	0	24
1958	西鉄	31	46	41	2	5	0	0	0	5
1959	西鉄	13	15	15	0	1	0	0	0	1
通算		1530	4956	4419	336	1048	142	6	56	1370

岡本三男

年度	所属球団	試合	打席	打数	得点	安打	二塁打	三塁打	本塁打	塁打
1950	西日本	40	101	98	6	19	3	0	0	22
1951	大洋	14	27	27	1	4	0	0	0	4
通算		54	128	125	7	23	3	0	0	26

野手

南村不可止

年度	所属球団	試合	打席	打数	得点	安打	二塁打	三塁打	本塁打	塁打
1950	西日本	96	404	377	72	113	13	9	11	177
1951	読売	113	456	407	59	115	14	3	5	150
1952	読売	115	487	441	72	139	21	3	8	190
1953	読売	123	507	459	64	127	21	1	5	165
1954	読売	125	520	466	57	133	16	2	7	174
1955	読売	105	371	330	34	83	9	2	2	102
1956	読売	63	111	94	8	22	6	1	0	30
1957	読売	34	45	42	1	8	1	0	1	12
通算		774	2901	2616	367	740	101	21	39	1000

	打点	盗塁	盗塁刺	犠打	四球	死球	三振	併殺打	打率	長打率
	18	3	2	1	11	0	15	6	.193	.261
	21	0	0	2	11	1	21	2	.238	.332
	19	5	1	0	8	1	26	3	.227	.318
	58	8	3	3	30	2	62	11	.219	.303

	打点	盗塁	盗塁刺	犠打	四球	死球	三振	併殺打	打率	長打率
	0	0	0	0	0	0	0	0	.000	.000
	0	0	0	0	0	0	0	0	.000	.000

	打点	盗塁	盗塁刺	犠打	四球	死球	三振	併殺打	打率	長打率
	14	26	11	0	18	0	32	4	.278	.335
	14	26	11	0	18	0	32	4	.278	.335

	打点	盗塁	盗塁刺	犠打	四球	死球	三振	併殺打	打率	長打率
	0	0	0	0	0	0	0	0	.000	.000
	0	0	0	0	0	0	0	0	.000	.000

	打点	盗塁	盗塁刺	犠打	犠飛	四球	死球	三振	併殺打	打率	長打率
	43	26	7	0		26	1	16		.279	.384
	43	18	19	3		46	3	26		.277	.399
	56	28	9	2		37	0	27	8	.309	.446
	63	27	10	8		31	1	28	10	.280	.397
	52	21	7	15		44	3	26	4	.276	.377
	65	21	12	5		55	2	27	9	.291	.427
	21	8	1	3	1	15	1	20	4	.252	.335
	32	14	10	24	3	27	2	35	3	.280	.371
	29	5	5	18	1	26	1	20	6	.220	.310
	4	0	0	3	0	3	0	7	1	.114	.171
	408	168	80	81	5	310	14	232	45	.277	.389

	打点	盗塁	盗塁刺	犠打	犠飛	四球	死球	三振	併殺打	長打率
	13	2	1	0	7	1	1		.312	.376
	34	14	7	2	45	0	15		.232	.278
	47	10	7	5	47	2	23		.241	.316
	48	8	3	3	49	0	19		.240	.339
	69	6	4	1	44	0	15	12	.239	.296
	12	1	3	4	12	1	9	4	.203	.250
	9	0	0	0	3	0	3	4	.259	.315
	232	41	25	15	207	4	85	20	.239	.307

	打点	盗塁	盗塁刺	犠打	四球	死球	三振	併殺打	打率	長打率
	4	0	1	2	8	0	5	2	.339	.464
	4	0	1	2	8	0	5	2	.339	.464

木村保久

年度	所属球団	試合	打席	打数	得点	安打	二塁打	三塁打	本塁打	塁打
1950	西日本	66	219	207	17	40	7	2	1	54
1951	大洋	54	216	202	25	48	8	1	3	67
1952	大洋	75	185	176	17	40	6	2	2	56
通算		195	620	585	59	128	21	5	6	177

桜井太郎

年度	所属球団	試合	打席	打数	得点	安打	二塁打	三塁打	本塁打	塁打
1950	西日本	2	2	2	0	0	0	0	0	0
通算		2	2	2	0	0	0	0	0	0

田名網英二

年度	所属球団	試合	打席	打数	得点	安打	二塁打	三塁打	本塁打	塁打
1950	西日本	83	281	263	39	73	10	1	1	88
通算		83	281	263	39	73	10	1	1	88

鈴木忠

年度	所属球団	試合	打席	打数	得点	安打	二塁打	三塁打	本塁打	塁打
1950	西日本	10	4	4	2	0	0	0	0	0
通算		10	4	4	2	0	0	0	0	0

平井正明

年度	所属球団	試合	打席	打数	得点	安打	二塁打	三塁打	本塁打	塁打
1948	阪急	123	487	458	51	128	24	9	2	176
1949	阪急	120	528	476	69	132	18	11	6	190
1950	西日本	103	476	437	76	135	15	3	13	195
1951	読売	112	511	471	80	132	20	7	7	187
1952	読売	120	489	427	63	116	19	6	4	161
1953	読売	120	533	471	97	137	23	4	11	201
1954	読売	79	226	206	21	52	9	4	0	69
1955	読売	111	410	353	47	99	17	0	5	131
1956	読売	93	278	232	30	51	8	2	3	72
1957	読売	28	41	35	5	4	0	1	0	6
通算		1009	3979	3566	539	988	153	47	51	1388

清原初男

年度	所属球団	試合	打席	打数	得点	安打	二塁打	三塁打	本塁打	塁打
1946	ゴールドスター	25	101	93	3	29	6	0	0	35
1947	金星	119	483	436	37	101	12	1	2	121
1948	金星	135	561	507	49	122	18	7	2	160
1949	東急	134	548	496	51	119	27	5	4	168
1950	西日本	117	468	423	43	101	9	0	5	125
1951	西鉄	63	189	172	12	35	3	1	1	43
1952	西鉄	32	57	54	1	14	3	0	0	17
通算		625	2407	2181	196	521	78	14	14	669

手代木一彦

年度	所属球団	試合	打席	打数	得点	安打	二塁打	三塁打	本塁打	塁打
1950	西日本	25	66	56	7	19	3	2	0	26
通算		25	66	56	7	19	3	2	0	26

	打点	盗塁	盗塁刺	犠打	四球	死球	三振	併殺打	打率	長打率
	0	1		0	1	0	3		.375	.500
	0	0		0	1	0	0		.000	.000
	0	3		0	2	0	4		.444	.444
	0	0		0	1	0	0		.167	.167
	20	20	12	4	50	0	52		.214	.278
	10	9	6	6	39	0	32		.190	.239
	11	11	1	7	19	1	8		.258	.300
	6	3	2	5	9	0	9		.316	.329
	34	17	4	4	33	1	23		.300	.378
	48	39	11	8	47	1	27		.259	.347
	39	24	9	2	42	0	26		.276	.412
	33	36	8	6	50	0	25	12	.259	.345
	1	4	0	0	3	0	4	3	.167	.214
	17	3	3	7	20	1	16	11	.211	.256
	219	170	56	49	317	4	229	26	.252	.331

	打点	盗塁	盗塁刺	犠打	四球	死球	三振	併殺打	打率	長打率
	72	8	5	0	64	1	58	13	.273	.465
	28	8	4	2	46	1	33	1	.241	.340
	47	4	6	7	35	0	45	5	.261	.432
	22	1	1	8	18	1	40	6	.216	.307
	10	0	1	1	11	1	23	3	.239	.299
	179	21	17	18	174	4	199	28	.251	.393

	打点	盗塁	盗塁刺	犠打	四球	死球	三振	併殺打	打率	長打率
	0	0	0	0	0	0	0	0	.000	.000
	0	0	0	0	0	0	0	0	.000	.000

	打点	盗塁	盗塁刺	犠打	四球	死球	三振	併殺打	打率	長打率
	0	0	0	1	0	0	3	0	.071	.071
	0	0	0	1	0	0	3	0	.071	.071

外野

塚本博睦

年度	所属球団	試合	打席	打数	得点	安打	二塁打	三塁打	本塁打	塁打
1937春	タイガース	12	9	8	2	3	1	0	0	4
1937秋	タイガース	6	3	2	2	0	0	0	0	0
1938春	タイガース	11	11	9	5	4	0	0	0	4
1938秋	タイガース	15	7	6	2	1	0	0	0	1
1942	阪神	94	363	309	31	66	7	5	1	86
1943	阪神	81	329	284	26	54	10	2	0	68
1944	阪神	31	147	120	24	31	1	2	0	35
1946	阪神	28	90	76	14	24	1	0	0	25
1947	阪神	105	385	347	55	104	9	9	0	131
1948	阪急	135	592	536	72	139	17	9	4	186
1949	東急	113	486	442	75	122	26	5	8	182
1950	西日本	113	500	444	64	115	25	2	3	153
1951	西鉄	53	45	42	15	7	0	1	0	9
1952	広島	87	227	199	21	42	4	1	1	51
通算		885	3194	2824	408	712	101	36	17	936

田部輝男

年度	所属球団	試合	打席	打数	得点	安打	二塁打	三塁打	本塁打	塁打
1950	西日本	120	465	400	65	109	21	4	16	186
1951	西鉄	66	240	191	29	46	10	0	3	65
1952	西鉄	99	364	322	48	84	18	2	11	139
1953	西鉄	92	268	241	18	52	10	0	4	74
1954	西鉄	72	130	117	12	28	4	0	1	35
通算		449	1467	1271	172	319	63	6	35	499

長野茂

年度	所属球団	試合	打席	打数	得点	安打	二塁打	三塁打	本塁打	塁打
1950	西日本	2	5	5	0	0	0	0	0	0
通算		2	5	5	0	0	0	0	0	0

茅野健一

年度	所属球団	試合	打席	打数	得点	安打	二塁打	三塁打	本塁打	塁打
1950	西日本	11	15	14	1	1	0	0	0	1
通算		11	15	14	1	1	0	0	0	1

	打点	盗塁	盗塁刺	犠打	犠飛	四球	死球	三振	併殺打	打率	長打率
	0	0	0	0		1	0	7		.000	.000
	73	2	3	0		27	3	71	7	.254	.419
	59	5	1	0		27	1	52	8	.285	.507
	59	6	3	2		24	0	45	9	.260	.483
	72	9	6	8		32	0	63	9	.276	.442
	87	19	12	8	2	71	3	106	6	.276	.507
	66	11	4	5	1	37	2	95	8	.298	.478
	73	3	6	9	3	24	2	64	10	.253	.448
	65	3	7	6	5	39	1	48	9	.300	.488
	77	8	8	2	5	33	2	73	16	.276	.442
	25	4	0	4	4	18	0	43	13	.217	.267
	34	0	0	4	3	22	1	65	10	.262	.398
	27	0	2	1	2	15	1	28	7	.200	.281
	13	3	0	0	1	11	2	33	6	.228	.310
	1	0	0	0	0	2	0	7	2	.158	.237
	731	73	52	49	26	383	18	800	120	.264	.433

	打点	盗塁	盗塁刺	犠打	四球	死球	三振	併殺打	打率	長打率
	8	0	0	0	6	0	13		.238	.333
	17	0	0	0	14	1	33		.229	.312
	80	15	10	0	82	3	54	13	.304	.519
	45	7	7	1	53	4	41	4	.294	.550
	31	6	5	1	36	5	42	3	.218	.395
	20	3	8	1	39	2	41	4	.219	.351
	20	4	0	1	35	2	36	3	.185	.270
	13	1	0	0	11	2	29	1	.184	.313
	234	36	30	4	276	19	289	28	.247	.415

関口清治

年度	所属球団	試合	打席	打数	得点	安打	二塁打	三塁打	本塁打	塁打
1948	読売	11	15	14	0	0	0	0	0	0
1950	西日本	132	503	473	62	120	18	3	18	198
1951	西鉄	99	365	337	50	96	25	1	16	171
1952	西鉄	94	384	358	55	93	15	1	21	173
1953	西鉄	119	497	457	61	126	22	6	14	202
1954	西鉄	139	577	493	68	136	27	3	27	250
1955	西鉄	134	501	456	67	136	28	6	14	218
1956	西鉄	150	504	466	55	119	25	13	13	209
1957	西鉄	116	418	367	41	110	17	8	12	179
1958	西鉄	125	481	439	54	121	23	1	16	194
1959	西鉄	120	344	318	24	69	10	0	2	85
1960	西鉄	106	374	344	43	90	18	1	9	137
1961	西鉄	79	204	185	13	37	7	1	2	52
1962	阪急	70	185	171	12	39	5	3	1	53
1963	阪急	38	40	38	1	6	0	0	1	9
通算		1532	5392	4916	606	1298	240	47	166	2130

永利勇吉

年度	所属球団	試合	打席	打数	得点	安打	二塁打	三塁打	本塁打	塁打
1948	阪急	19	48	42	4	10	1	0	1	14
1949	阪急	78	172	157	13	36	3	2	2	49
1950	西日本	132	582	497	90	151	20	12	21	258
1951	西鉄	90	320	262	40	77	11	7	14	144
1952	西鉄	75	280	238	33	52	5	5	9	94
1953	西鉄	94	307	265	32	58	7	8	4	93
1954	西鉄	90	250	211	26	39	7	1	3	57
1955	西鉄	75	161	147	13	27	4	0	5	46
通算		653	2120	1819	251	450	58	35	59	755

おわりに

鬱積した屈辱はライオンズ時代に晴らしたが

パイレーツの「パ」の字もなかった。メットライフドーム（埼玉県所沢市）に隣接した建物の壁面には、埼玉西武ライオンズの歴史を球団旗を並べて紹介しているが、始まりは西鉄クリッパースで合併した西日本パイレーツの球団旗はない。忘れられた1年だけの球団。立ち止まって、壁を見上げてパイレーツの現在地を思った。

初めて福岡を本拠地とした球団の誕生から終焉までを追い掛けた。ニックネームの海賊のように、新生球団として大暴れしたのは開幕前の一時期だけだ。既成球団に歯が立たず、巨人の思惑に翻弄された姿は、海賊というより海賊版（非正規）のプロ野球チームのようだった。

しかし――壁の球団旗を見ながら思う――パイレーツは球史に確かな爪痕を残したのではないか。それは「巨人、何するものぞ」という強烈なアンチ精神を生んだことだと考える。完全試合を食らったこと、甘い言葉で球団をつくらせ実利がないと見るや切り捨てたこと、ルールなき主力選手の引き抜きや青田昇の移籍問題――。

埼玉西武ライオンズの歴史を語る球団旗。できれば西日本パイレーツのものも加えてほしいと著者は考えている（撮影　小畑大悟）

鬱積《うっせき》した屈辱はライオンズ時代に晴らしていった。三原脩による3年連続日本一（1956〜58年）、江川卓のドラフト強行指名（77年）、完膚なきまでに勝利し「野球観が変わった」と言わしめた日本シリーズ（90年）。球界の盟主・巨人＝権力に屈せぬ反骨の精神が後継球団に連綿と流れている。

「古事記」「日本書紀」の時代から厳然と存在する中央対地方の構図、「勝者＝正義」「敗者＝悪」の図式に異議を申し立てた、と書くのは大げさだろうか。いずれにせよ「巨人、何するものぞ」の始原となっただけでも、パイレーツの存在意義はあった。プロ野球は巨人中心に回ってはいない。

○　○

本書は2020年8月30日から21年2月21日まで西日本新聞の福岡県版に連載した「海賊がいた　1950年の西日本パイレーツ」を大幅に改稿し加筆したものである。

長年温めていたテーマだった。福岡で生まれ育ち、福岡の新聞社に勤める一野球ファンとして、福岡の野球史に残った空白を埋めたいという願いがあった。西鉄ライオンズの歴史は「黒い霧事件」を除き、あらかた書き尽くされている。1958年の日本シリーズ奇跡の逆転Vを描いた記事は、既視感なくしては読めないくらいだ。主力選手の取り上げ方も、「野武士軍団」の表現も「様式美」「伝統美」と思えるくらい均質化されている。別の書き方をすれば、それだけ西鉄ライオンズのイメージは人口に膾炙《かいしゃ》しているということになる。

福岡野球株式会社の太平洋クラブ・クラウン時代も近年、書籍や雑誌で取り上げられる機会が増えてきた。いずれも「貧乏球団」の文脈ではあるが、「黒い霧後」のプロ野球の在り方を考える機会が生まれたのは喜ばしいことだと思う。相変わらず太平洋クラブやクラウンガスライターが親会社だったとか、太平洋クラブは弱かったとか平気で書いている文章には辟易《へきえき》させられるが。

福岡プロ野球史の黎明《れいめい》期に存在した西日本パイレーツは、手つかずのテーマの一つだった。在籍する会社の社史にも詳述されていない球団に好奇心を刺激された。球団創設70年の節目を前に、19年には取材と資料集めを始めたが、当時を知る関係者は極めて少なく、福岡初のプロ球団を扱った文献はデータベースに残る紙面程度だった。70年という年月が、パイレーツを「幻の球団」にしてしまったことを嘆き、もっと早くに着手しなかった自分を呪った。

加えて新型コロナウイルスの感染拡大である。日常の取材も相手との対面が基本的にNGとなり、出張も大幅に制限された。もしパイレーツを知る人の取材ができても、大半が高齢者となる。対面でもリモートでも取材は難しい。その上、緊急事態宣言の発令で公立の図書館はおろか街中の書店までが閉まってしまった。数少ない参考資料に目を通す機会まで失われる事態となったのだ。

これ以上前に進めないと呻吟《しんぎん》していたとき、救いの手を差し伸べてくれたのがNPO法人西鉄ライオンズ研究会の松永一成理事だった。西鉄ライオンズの歴史を語り継ぎ、関連資料の収集に努める同研究会は、2011年の設立時から取材を通して交流してきた。松永理事も旧知で、資料の少なさを嘆いていたところ、所有する当時の野球雑誌からパイレーツの関連する部分を抜き出して提供しようと申し出てくれた。松永理事が収蔵する野球関係資料は質、量とも充実していると聞いていたが、それは予想を上回り、希少な「ベースポールニュース」や「野球界」等のバックナンバーを即時にそろえてくれた。記事を読めば新球団に集った選手たちの姿が立ち上がり、終戦間もないころの野球熱まで伝わってきた。パイレーツは幻じゃない、確かに存在する。この資料を軸にパイレーツの連載ができると、確信した瞬間だった。

本来なら、関係者の証言が中心となるべき「パイレーツ物語」であろう。しかしこうした事情から、当時を知る人々の肉声がわずかになってしまったことには忸怩《じくじ》たる思いがある。とはいえ、歴史の研究手法として過去に書かれたものに基づく「文献史学」があるように、書誌を中心に野球史を組み立ててもいいのではないだろうか。人々の証言を満載した〝考古学的〟「パイレーツ物語」は、コロナ明けの宿題としたい。

ビジネス社の唐津隆社長をはじめ、本書の刊行に尽力いただいた方々に深く感謝申し上げる。

最後に西日本パイレーツ総監督だった大塚正男のことを書く。正男は三原脩の監督就任の大役を終えた直後、心臓病で倒れ、1954年3月5日に53歳で亡くなった。空中分解しそうなパイレーツ球団を支え、心身共に疲れ果てたのだろう。福岡のプロ野球に殉じたと言っても過言ではない。

3月7日、三原と元パイレーツの選手たちが大塚家を弔問した。巨人の南村不可止、平井三郎（正明）、西鉄の田部輝男、日比野武、重松通雄、スカウトの宇高勲。この日、平和台球場である西鉄―巨人のオープン戦を前に、申し合わせて弔問に訪れたのだ。

「父ちゃんはどんなに喜んでおられるだろうか」と正男の長男、勝一は日記に書いた。

三原たちは霊前に優勝を誓い、10月にライオンズはリーグ初Vを果たして約束を実現した――。そう結べば、パイレーツの物語を〝美談〟で終われる。

だが勝一はこう記している。「それにしても香典が二千円とは」。大卒初任給が1万円ほどだった時代。参列者一同でこの額だったら少々渋い。借金を踏み倒し、給料が遅配して「貧乏球団」と呼ばれたパイレーツらしいエピソードは、おかしくもあり悲しくもある。

なお文中の敬称は略させていただいた。

【著者略歴】
塩田芳久（しおた・よしひさ）
1966年生まれ、福岡市出身。東京都立大人文学部卒。1990年に西日本新聞社入社。編集局地域報道センター、日向支局長、文化部次長、編集企画委員会専任職編集委員、くらし文化部編集委員などを歴任し、現在マルチ情報センター勤務。近世文学から過疎問題、人工知能（AI）まで幅広く取材・執筆する。西鉄ライオンズ末期を知る最後の世代でもある。

写真提供／西日本新聞社
朝日新聞社/amanaimages
共同通信社/amanaimages
松永一成（NPO法人西鉄ライオンズ研究会）

消えた球団　1950年の西日本パイレーツ

2021年12月1日　第1刷発行

著　者　塩田芳久
発行者　唐津　隆
発行所　株式会社ビジネス社
〒162-0805　東京都新宿区矢来町114番地
神楽坂高橋ビル5F
電話　03-5227-1602　FAX 03-5227-1603
URL　http://www.business-sha.co.jp/

〈装幀〉大谷昌稔
〈本文組版〉茂呂田剛（エムアンドケイ）
〈印刷・製本〉モリモト印刷株式会社
〈営業担当〉山口健志
〈編集担当〉本田朋子

ISBN978-4-8284-2348-7